Die Öl-Eiweiß-Kost

von Dr. Johanna Budwig

Herausgeber:
SENSEI Verlag, Siemensstr. 32
71394 Kernen.

Autorin:
Dr. Johanna Budwig

6. Auflage mit Farbbildern November 2025

ISBN 978-3-932576-80-5

JOHANNA BUDWIG, Dr., approbierte Apothekerin, Diplom-Chemikerin mit Promotion in Chemie und Physik, war Obergutachterin für Arzneimittel und Fette in hoher staatlicher Funktion. Um die Erkenntnisse auf dem Gebiet der Biochemie der Fette auch in biophysikalischer Hinsicht realisieren zu können, studierte sie noch Medizin. Die Aussagen über „lebensnotwendige Fette" oder „lebensgefährliche Auswirkungen" bestimmter Fette und deren Bedeutung für das Krebsproblem, führten zur Kollision mit der bestehenden Meinung und zum Abbruch des Medizinstudiums. Überzeugt von ihrer wissenschaftlichen Erkenntnis auf naturwissenschaftlicher Ebene setzte sich Frau Dr. Budwig mehr als 40 Jahre lang mit ihrer gesamten Existenz dafür ein, die Gültigkeit Ihrer Forschungsergebnisse für die Lebenshaltung der Menschen in der Medizin zu realisieren und dadurch auch eine Wende in der Krebs-Forschung und -Therapie herbeizuführen.

Einleitung

Nach meiner Erfahrung bei der Beratung der Kranken stellte ich fest: Es genügt heute nicht mehr, den Menschen zu sagen, meidet die schädlichen Fette und die chemischen Konservierungsmittel in der Nahrung und haltet euch so weit wie möglich an die Natur, besonders bei der Wahl der Fette und der übrigen Nahrung wie Obst, Gemüse, Zerealien. Sachlich gesehen würde dies genügen, um sogar auch dem schwer Krebskranken wieder zur Gesundheit zu verhelfen, aber – die Hausfrauen unserer Tage können kaum noch selber kochen. Die Ge-würze und Gewürzkräuter kennt nur noch der Metzger. Die Hausfrau heute kennt bestenfalls Salz, Pfeffer, Schnittlauch und Petersilie. Damit allein bekommt sie an das Essen ohne Zusatz von Fertiggerichten wie Suppenwürfel oder Fleischwaren keinen Geschmack. Es ist aber viel, viel schöner für die Hausfrau und für die Familie, wenn die Mutter dem Essen die persönliche Note zu geben versteht. Wie die Mutter kocht, dass soll den Sohn und die Tochter ins Leben begleiten und wird auch den Ehemann ans Zuhause binden. Er muss das Gasthaus-Essen mit falschen, überhitzten Fetten leid werden, wenn er zu Hause etwas Besseres erhält.

Die richtige Wahl und Verwendung der Fette ist für die ganze Familie, auch für die psychische Situation, von ungeheurer Bedeutung. Dieses Kochbuch, »Öl-Eiweiß-Kost», stellt die strenge Form der Nahrung, die Beschränkung auf die optimalen Nahrungsmittel dar. Dieses Kochbuch hilft dem Kranken und demjenigen, der dem Kranken helfen will.

Öl, der zentral wichtige Wirkstoff unserer Zeit

Leinöl hat zu allen Zeiten Wunder gewirkt. Fette beherrschen den gesamten Stoffwechsel, Energiegewinn und Zellneubildung stärker als jedes andere Nahrungsmittel.

Das Fundament der gesamten Nahrungsverwertung ist zerstört, wenn die hoch aktiven natürlichen Fette durch die entnervten, gegen Sauerstoff stabilen, künstlich veränderten fettigen Substanzen »ersetzt« werden. Diese Hemmstoffe im Organismus sind heute die Hauptursache der meisten Erkrankungen. Hilfe bietet der richtige Einsatz der hoch aktiven Nahrungsfette, wie sie im Leinöl und in entsprechenden Streichfetten in optimaler Form vorliegen. Wichtig ist die richtige Harmonie der Fette mit der Eiweißnahrung, die Öl-Eiweiß-Kost.

Allgemeines zur Krankenkost

Im Rahmen der Öl-Eiweiß-Kost für Kranke wird empfohlen, morgens und abends ein Glas Sauerkrautsaft zu trinken. Im Laufe des Tages wird der Genuss von frisch gepressten Gemüse- oder Obstsäften angeraten. Von Obstsäften sollte man nur die Muttersäfte* (ohne Zuckerzusatz) wählen, nicht die Süßmoste.

Kranke, auch Zuckerkranke, sollten dringend die erlaubte Fettmenge zunächst nur in Form von Leinöl zu sich nehmen! Eine Weizen-Keimöl-Kur ist zusätzlich möglich. Ein Gläschen Wein ist immer erlaubt.

Diese „Diätkost“ stellt eine vollwertige Nahrung dar. Sie ist vor besonderen Anforderungen an die Leistung, etwa bei Sportlern, sehr zu empfehlen.

Frühstück (Krankenkost)

Zum Frühstück soll regelmäßig das „Linomel*-Müsli“ genommen werden. Zwei Esslöffel Linomel werden in ein Glasschälchen gegeben. Man überschichtet mit frischem Obst, je nach Jahreszeit mit Beerenobst, Kirschen, Aprikosen, Pfirsichen, geriebenem Apfel oder Fruchtsalat. Anschließend bereitet man die Creme aus Quark und Leinöl. Mit Nüssen, Zitronensaft, Bananen abgeschmeckt. Diese Creme gibt man, etwa wie Schlagrahm angeordnet, über den Fruchtsalat und garniert mit Nüssen, Früchten, Rosinen, Kokosraspeln usw. Als Brotaufstrich soll »Oleolux« verwendet werden (Butter und Margarine sind verboten). Zum Frühstück sind für den starken Esser als Brotbelag alle Sorten Käse erlaubt, dazu je nach Jahreszeit Rettich, Radieschen, Tomaten, Gurkenscheiben etc. Wer Gänseschmalz mit Harzer Käse schätzt, liebt auch Oleolux mit Harzer Käse. Als Getränk könnten Kräutertees dienen, gegebenenfalls ist aber auch eine Tasse Tee erlaubt.

Mittags (Krankenkost)

Die Mittagsmahlzeit soll fleischlos sein. Empfohlen wird Rohkostsalat als Vorspeise. Als Öl soll Leinöl oder als Zusatz auch Kürbiskernöl Verwendung finden (das so genannte »Salatöl« ist strengstens verboten). Für die Rohkostplatte können alle grünen Salate verwendet werden, aber auch geraspelte Rübengemüse, Möhren, Kohlrabi, Rettich, Schwarzwurzeln usw. Die Rohkostvorspeise ist sehr wichtig.

Als Nachtisch kann eine Quark-Leinöl-Speise gegeben werden. Zu Mittag können alle frischen Gemüse Verwendung finden. Sie sollen erst nach dem Kochen mit Oleolux gefettet werden. Herzhaft würzen! Für Kranke: Kartoffeln als Brei mit Oleolux fetten und mit etwas Milch zubereiten. So früh wie möglich Schalkartoffeln geben. Anstelle von Kartoffeln ist Buchweizen sehr zu empfehlen.

Abends (Krankenkost)

Zum Abend soll die Mahlzeit nur gering sein und früh eingenommen werden, etwa um 18 Uhr. Man kann je nach Bedarf eine warme Speise zubereiten aus Reis, Buchweizen, Haferflocken, Sojaflocken, Hefeflocken und anderen Flocken aus dem Reformhaus. Diese Zubereitungen können je nach Geschmack in Form von Suppen gegeben werden oder in festerer Form. Man kann mit herzhaften Soßen abschmecken oder die Körnerfrüchte mit Gemüsebrühe als herzhafte Suppe reichen oder mit süßen Früchten kombinieren. Früchte sollen möglichst roh gegeben werden, evtl. gerieben. Als herzhafte Zugabe gibt es im Reformhaus auf Sojalin-Basis sehr gute fertige und dennoch gesunde Brotaufstriche.

Ernährungsvorschrift

für den Beginn der Öl-Eiweiß-Kost für die ersten vier Wochen

Das Wesentliche dieser Öl-Eiweiß-Kost besteht darin, dass schwer bekömmliche, schwer verdauliche Fette ausgeschaltet werden. An ihrer Stelle sollen leicht bekömmliche, leicht verbrennbare, Energie und Spannkraft liefernde – also gute Fette – einen Hauptbestandteil der Nahrung darstellen.

Außerdem ist die Ernährung so sorgfältig aufgebaut, dass alle Konservierungsmittel, die als Atemgifte wirken, ausgeschaltet sind. Frische und nicht gekochte Nahrung dagegen ist reich an Anteilen, die den Vorgang der selbsttätigen Sauerstoffaufnahme des Organismus unterstützen. Im Rahmen dieser Ernährungsform handelt es sich um eine Vollwertnahrung, eine Aufbaukost. Sie ist nicht zu verwechseln mit einer »Diät«, die nur eine Schonkost darstellt. Es werden viele frische Gemüsesorten roh verwendet. Zur Zubereitung des gedämpften Gemüses dienen ausschließlich frische Gemüsesorten. Konserven oder eingeweckte Gemüse werden vermieden. Roh zubereitete Nahrung soll in jeder Mahlzeit irgendwie enthalten sein. Entweder als Rohkostplatte oder roh verarbeitet, mit der warmen Mahlzeit verbunden. Es findet reichlich Fett Verwendung, jedoch immer in der rechten Harmonie mit Eiweiß, z. B. bildet Quark mit Leinöl in vielerlei Variationen einen wesentlichen Anteil dieser energiereichen und neu belebenden Nahrung.

Die Überleitung:
An dem Überleitungstag soll nichts gegessen werden außer 250 g Linomel. Dazu werden nur frische Säfte getrunken, und zwar frisch gepresste Obstsäfte oder Muttersäfte (ohne Zuckerzusatz). Auch frisch gepresste Gemüsesäfte, z. B. Mohrrübensaft, Selleriesaft mit Apfelsaft, Rote-Beeten-Saft mit Apfelsaft, werden empfohlen. Es ist darauf zu achten, dass mindestens dreimal täglich ein warmes Getränk gereicht wird, wie z. B. Kräutertee, Pfefferminztee, Hagebuttentee, Malventee. Gesüßt wird nur mit Honig. Zucker ist in jeder Form als Zusatz verboten. Traubensaft ist gestattet, auch zum Süßen frischer Säfte, gegebenenfalls ist etwas schwarzer Tee am Vormittag erlaubt. Bei Schwerkranken wird ein Sekt-

frühstück, bestehend aus Sekt und Linomel, gut vertragen. Auch bei Schwerkranken wird dieser Überleitungstag dringend empfohlen und bestens vertragen.

Tagesplan:
Vor dem Frühstück wird ein Glas Sauerkrautsaft oder Sauermilch gegeben.

Zum Frühstück
soll regelmäßig ein Müsli genommen werden, das wie folgt zubereitet wird:
2 Esslöffel Linomel werden in ein Glasschälchen gegeben. Man überschichtet mit frischem Obst, je nach Jahreszeit Beerenobst, Kirschen, Aprikosen, Pfirsichen, geriebenen Äpfeln. Anschließend bereite man eine Mischung aus Quark und Leinöl. Auf 100 bis 125 g Quark gibt man 3 Esslöffel Leinöl, vermischt intensiv nach Zugabe von etwas Milch (2 Esslöffel), so dass das Leinöl vollständig verrührt ist. Zuletzt gibt man 1 Esslöffel Honig zu. Um den Geschmack täglich anders zu gestalten, kann man die Quark-Leinöl-Mischung mit Hagebuttenmus, Sanddornsaft, mit anderen Fruchtsäften oder gemahlenen Nüssen variieren. Butter wird nicht empfohlen. Als Getränk sollen nur Kräutertees dienen, gegebenenfalls ist auch eine Tasse schwarzer Tee erlaubt.

Um zehn Uhr morgens wird 1 Glas frisch gepresster Möhrensaft gegeben oder frisch gepresster Saft aus Sellerie und Apfel oder rote Beete mit Apfel.

Mittagsmahlzeit

a) Rohkostsalat als Vorspeise
Eine Quark-Leinöl-Mischung als Mayonnaise wird zubereitet, indem man 2 Esslöffel Leinöl, 2 Esslöffel Milch im Mixer mit 2 Esslöffeln Quark vermischt, dann 2 Esslöffel Zitronensaft oder Apfelessig hinzufügt und anschließend im Mixer mit 1 Teelöffel Senf und mit Kräutern abschmeckt. Man benütze auch Majoran, Dill, Petersilie usw. Zugabe von 2–3 Gewürzgurken ist empfehlenswert. Als Salz nimmt man gerne Kräutersalz. Die Quark-Leinöl-Mischung, mit viel Senf und wenig Banane kombiniert, ist ausgezeichnet als Salattunke geeignet. Im Rahmen

dieser Öl-Eiweiß-Kost erhöht die Quark-Leinöl-Mischung den Wert der Rohkost; geschmacklich lassen sich durch Verwendung von Gewürzkräutern immer neue Überraschungen gestalten. Die Rohkost wird dadurch beliebter. Als Öl soll nur Leinöl Verwendung finden. Neben grünen Salaten sind geraspelte Rübengemüse wie Möhren, Kohlrabi, Rettich, Sauerkraut, Schwarzwurzeln, Blumenkohl, fein püriert oder fein gerieben. Meerrettich, Schnittlauch und Petersilie sind ebenfalls empfehlenswert.

b) Als gekochtes Gericht werden neben gedämpftem Gemüse zwar auch Kartoffeln gegeben, vor allem aber Reis, Buchweizen oder Hirse. Zum Fetten soll ausschließlich Oleolux verwendet werden. Es schmeckt zu Gemüsesorten besser, als wenn man Leinöl verwendet. Die Zubereitung der Gemüse erfolgt in der Weise, dass man das Gemüse einfach in etwas Wasser kocht und nachher vor dem Anrichten mit etwas Oleolux vermischt und mit Gewürzen abschmeckt. Die japanische Suppenwürze Shoyu (Soja-Sauce) wird dabei gute Dienste leisten. Die Quark-Leinöl-Speise kann auch mit dem Kartoffelgericht zusammen gereicht werden, und zwar in herzhafter Zubereitung mit Kümmel, mit Schnittlauch, mit Petersilie oder mit anderen Kräutern abgeschmeckt. Gibt man die Quark-Leinöl-Speise zu Kartoffeln, so kann man etwas reichlicher Leinöl darunter arbeiten (auch Chutneys).

c) Als Nachtisch kann man eine Quark-Leinöl-Speise reichen, die ähnlich wie zum Frühstück mit Obst variiert wird. Als süße Quark-Leinöl-Speise sind Kombinationen wie Zitronencreme, Weincreme, Bananencreme oder Vanillecreme beliebt. Die Verbindung mit frischen Früchten ist immer angebracht.

Am Nachmittag etwa um 16 Uhr wird für den Kranken ein Gläschen naturreiner Wein oder Sekt oder auch Muttersaft empfohlen, jedoch stets in Verbindung mit 1–2 Esslöffeln Linomel.

Am Abend soll die Mahlzeit gering sein und früh eingenommen werden, etwa gegen 18 Uhr. Man kann je nach Bedarf eine warme Speise zubereiten aus Reis, Buchweizen oder Haferflocken, Sojaflocken oder anderen Flocken aus dem Reformhaus. Am besten bekömmlich und sehr wertvoll sind die Zubereitungen aus Buchweizengrütze. Die Zubereitungen können je nach Geschmack in Form von Suppe gegeben werden oder auch in fester Form, evtl. mit herzhaften Soßen kombiniert. Auch süße Soßen und Suppen sollten gut mit Oleolux gefettet sein, da sie auf diese Weise gehaltvoll und energiereicher werden. Zum Süßen wird nur Honig benutzt, jeder Zucker ist ausgeschaltet. Weizenkeimzubereitungen werden meinerseits nicht empfohlen. Weizenkeimöl (zweimal täglich ein Teelöffel voll) kann zur Unterstützung der Kur genommen werden.

Strengstens verboten sind alle tierischen Fette, Margarine und »Salatöl«, auch Butter. Außerdem alle Fleischwaren, weil ihre Zubereitungen fast immer mit schädlichen Konservierungsmitteln versetzt sind. Fleischkonserven sind strengstens untersagt. Wurst muss vollständig vermieden werden. Als Fruchtsäfte sollten nur »Muttersäfte« eingekauft werden, da die Zubereitungsweise dieser Säfte wichtig ist. Säfte, die Konservierungsmittel enthalten, sind weniger wertvoll als vollständig naturbelassene.

Streng verboten sind auch Konditorwaren, vor allen Dingen die so genannten »Teilchen«, da diese sehr häufig mit schädlichen, biologisch wertlosen Fetten zubereitet sind.

Besonders empfohlen wird der Genuss von Sauerkrautsaft morgens nüchtern, aber auch der Genuss von rohen Möhren, Rettichen, Paprikaschoten, von rohem Spargel, rohem Blumenkohl, Kohlrabi sowie von anderen roh genießbaren Gemüsesorten (wenn möglich biologisch gedüngt) zur Salatplatte. Ebenfalls sollte der Genuss von Nüssen, vor allen Dingen von Walnüssen, Paranüssen, nicht nur als Leckerei dienen, sondern wesentlich in den Ernährungsplan eingebaut werden (Nußsaucen zu Gemüse und/oder Salat). Auch Nachspeisen sollten unter reichlicher Verwendung von Nüssen zubereitet werden.

Kindern sollte man lieber Nüsse zu essen geben als Bonbons und Dauerlutscher. Erstere z. B. zusammen mit Datteln, Feigen, Rosinen. Im Rahmen dieser Kostform ist herzhaftes Würzen mit natürlichen Kräutern in frischem, aber auch im Winter in getrocknetem Zustand gestattet und erwünscht. Wer Leinöl genießt, braucht keine Angst zu haben vor Gewürzen.

Quark-Leinöl

Quark-Leinöl stellt heute etwas Ungeheures dar. In dieser einfachen Form erfolgt die Realisierung von wissenschaftlich neuen Erkenntnissen, wie man vielen Gesundheitsschäden, durch falsche Nahrung oder durch andere Vergiftungen hervorgerufen, entgegenwirken kann. Quark mit Leinöl verleiht vielen Kranken neue Kraft, neue Lebens-impulse, Auftrieb, Gesundungskraft und Gesundungswillen. Diese so wichtige Hilfe auf dem Wege der Nahrung, interessant, abwechslungsreich, schön und bekömmlich zu gestalten, war das Anliegen der Schöpferin dieser neuen wissenschaftlichen Richtung, der Verfasserin dieses Buches.

Fett und Eiweiß in bester Form zu verabreichen ist heute ungeheuer wichtig. Die These „fettarme Nahrung“ zu geben, war nur so lange wichtig, als die Fette falsch und schlecht waren.

Der kranke Mensch braucht heute gute Fette, sehr leicht bekömmliche, leicht verbrennbare, leicht veratembare Fette, am besten in Verbindung mit Quark, der die Fette wasserlöslich und bekömmlicher macht.

Ob der Kranke die süßen Zubereitungen als Frühstücksmüsli oder als Dessert in Verbindung mit Früchten vorzieht oder mehr den herzhaften Geschmacksrichtungen zuneigt und Öl mit Quark in Form von Mayonnaise zu Salaten; in Verbindung mit Kümmel, Kräutern und Gewürzen zusammen mit Brot oder auch mit Kartoffeln genießen will, wird dem Geschmack des Einzelnen anheimgestellt bleiben. Ist ein Kranker zu versorgen, so sollte der Pflegende dies mit Geschick und Einfühlungsvermögen herausfinden. Abwechslung ist dabei wichtig, weil der Kranke täglich und reichlich Quark mit Leinöl zu sich nehmen soll. Die Früchte der Jahreszeit helfen variieren, aber auch die Form sollte wechseln. Dazu findet man in dem Abschnitt »Dessert« noch reichlich Anregungen. Mit ein wenig Liebe zum Kranken wird man ständig neue Ideen haben. Ohne Liebe zum Kranken reichen auch die angegebenen Rezepte nicht aus. Wer außer der Liebe zum Kranken noch Liebe zu dieser Kostform aufbringt, seine eigene Lebensweise in diesem Sinne umstellt, vermag noch besser für den Kranken zu kochen und abzuschmecken und neue Rezepte zu entdecken.

Die Quark-Leinöl-Zubereitungen stellen einen wesentlichen Bestandteil der Öl-Eiweiß-Kost dar. Die nachstehenden Rezepte enthalten bei genauer Überprüfung mehr als 500 Variationsmöglichkeiten. Auf diese Weise soll jeder Kranke die Möglichkeit erhalten, diese so wichtige Aufbaunahrung seinem Geschmack entsprechend genießen zu können. Die Quark-Leinöl-Rezepte bilden den „Nerv“ der Öl-Eiweiß-Kost.

Oleolux Rezept

Leinöl-Kokosbutter

1.) Stellen Sie 125ml Leinöl in das Kühlfach des Kühlschranks.

2.) Erhitzen Sie 250g Kokosfett gemeinsam mit einer mittelgroßen Zwiebel, die Sie in 4 Teile schneiden. Erhitzen Sie das Ganze bis die Zwiebel beginnt braun zu werden (5-8 Minuten). Fügen Sie 10 Knoblauchzehen hinzu und erhitzen Sie weiter bis diese sich hellbraun färben (nach ca. 3-5 Minuten). Gießen Sie jetzt dieses Gemisch durch ein Sieb in das kalte Leinöl. Rühren Sie das Fett um und stellen Sie es sofort wieder in das Kühlfach. Nach vollständiger Erkaltung können Sie es dann in den normalen Kühlschrank stellen und dort aufbewahren.

Basis Rezept

Milch

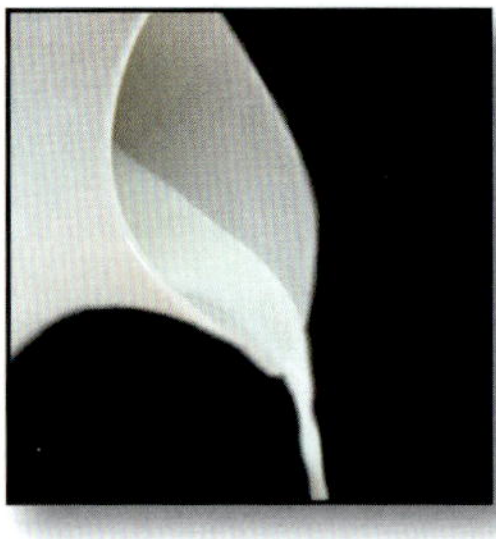

Quark

Leinöl

Honig

Leinsamen

Geschmacks-
korrigentien

Früchte

Quark-Leinöl zum Frühstücksmüsli Nr. 1

verschiedene Variationen

2 Esslöffel Linomel
3 Esslöffel Leinöl
2 Esslöffel Milch
100 g Quark
1 Teelöffel Honig
und Geschmackskorrigentien

In eine kleine Schüssel gibt man 2 Esslöffel Linomel. Man überschichtet mit rohem, zerkleinertem Obst, je nach Jahreszeit. Anschließend wird im Mixer die Quark-Leinöl-Creme wie folgt zubereitet:

Zuerst fügt man Leinöl, Milch und Honig in den Mixer, gibt dann nach und nach in kleineren Portionen den Quark hinein. Wenn die gesamte Masse gut homogenisiert ist, wird sie mit verschiedenen Geschmackskorrigentien täglich anders abgeschmeckt, z.B. mit Vanille, Zimt oder verschiedenen Früchten wie Banane mit Zitrone, Orangensaft oder Beerenfrüchten.

Quark-Leinöl als Frühstücksmüsli, mit Brombeeren und Vanille

Standardrezept Nr. 1
3 Esslöffel Brombeeren
½ Teelöffel Vanille

Man überschichtet in einem Glasschüsselchen Linomel mit den Brombeeren. Im Mixer bereitet man nun eine Vanille-Creme, die gut gesüßt sein muss, aus Quark-Leinöl mit ½ Teelöffel Vanille und etwas reichlicher Honig als sonst. Übergossen mit etwas frischem Brombeersaft ist diese Kombination ausgezeichnet.

Quark-Leinöl als Frühstücksmüsli, mit Brombeeren

Standardrezept Nr. 1
1 Tasse mit Brombeeren
1 Tasse Traubensaft oder frische Trauben
1 Esslöffel Walnüsse

Die Hälfte der gut reifen Brombeeren gibt man über die Linomelschicht. Nun übergießt man mit Traubensaft. Die zweite Hälfte der Brombeeren wird im Mixer mit der Quark-Leinöl-Creme vermischt, anschließend gibt man noch die Walnüsse hinzu. Brombeeren verlangen ein wenig mehr Süße, die man durch Zugabe von Traubensaft erreicht, oder ggf. ein wenig mehr Honig hinzugibt.

Quark-Leinöl als Frühstücksmüsli, mit Himbeeren

Standardrezept Nr. 1 und eine Tasse Himbeeren

Die Hälfte der Himbeeren gibt man unzerteilt über das Linomel. Die zweite Hälfte wird mit der Quark-Leinöl-Creme püriert und über die Fruchtmischung gegossen.

Quark-Leinöl als Frühstücksmüsli, mit Stachelbeeren und Nüssen

*Standardrezept Nr. 1 * 2 Esslöffel Stachelbeeren*
*3 Esslöffel rote Johannisbeeren * 1 Esslöffel Pinienkerne*

Man überschichtet 2 Esslöffel Linomel mit den Stachelbeeren. Bei der Zubereitung der Quark-Leinöl-Creme werden die roten Johannisbeeren mitpüriert. Diese Frucht-Creme wird über die Stachelbeeren gegossen. Man bestreut mit Pinienkernen.

Quark-Leinöl als Frühstücksmüsli, mit roten Johannisbeeren

Standardrezept Nr. 1
250 g rote Johannisbeeren

Die roten Johannisbeeren werden von den Stängeln befreit. Man teilt in zwei Hälften. Die erste Hälfte gibt man unzerteilt in einem Schüsselchen über die Linomelschicht. Die zweite Hälfte gibt man im Mixer durch die Standard-Quark-Leinöl-Creme mit Honig. Diese Fruchtmischung gießt man nun in das Schüsselchen und serviert in dieser Form. Man kann natürlich mit einigen roten oder schwarzen Johannisbeeren oder auch mit ein wenig weißer Quark-Leinöl-Creme garnieren.

Quark-Leinöl als Frühstücksmüsli, mit Stachelbeeren und Vanille

Standardzutaten Nr. 1
2 Esslöffel Stachelbeeren und ½ Teelöffel Vanille

In einem Schüsselchen überschichtet man 2 Esslöffel Linomel mit den halbierten, gut reifen Stachelbeeren. Anschließend wird im Mixer die Ouark-Leinöl-Vanille-Creme bereitet, wie unter Nr. 1 angegeben. Man gibt diese Vanille-Creme über die Stachelbeeren und reicht dies als Frühstücksmüsli.

Quark-Leinöl als Frühstücksmüsli, mit schwarzen Johannisbeeren

Standardrezept Nr. 1 und 2–3 gut gehäufte Esslöffel mit schwarzen Johannisbeeren und ½ Teelöffel Vanille

2 Esslöffel Linomel werden in einem Schüsselchen mit reichlich schwarzen Johannisbeeren überschichtet. Anschließend übergießt man das Ganze mit einer Quark-Lein-Öl-Vanille-Creme. Zubereitet wird wie unter Nr. 1 angegeben.

Quark-Leinöl als Frühstücksmüsli, mit Vanille und Erdbeeren

Standardzutaten Nr. 1
*2 Esslöffel Erdbeeren * ½ Teelöffel Vanille*

2 Esslöffel Linomel werden überschichtet mit Erdbeeren. Anschließend wird im Mixer die Quark-Leinöl-Creme zubereitet, unter Hinzufügung von ½ Teelöffel echter, gepulverter Vanille. Man gibt diese Creme über die Erdbeeren und serviert.

Quark-Leinöl als Frühstücksmüsli, mit Blaubeeren und Walnüssen

Standardzutaten Nr. 1
1 Apfel (oder beliebiges anderes Obst)
2 Esslöffel Blaubeeren
1 Esslöffel Walnüsse

In ein Schüsselchen gibt man 2 Esslöffel Linomel, überschichtet mit einem geriebenen Apfel oder einer beliebigen anderen Obstsorte, die man in kleine Stücke zerteilt hat. Bei der Herstellung der Quark-Leinöl-Creme wird diese vorher nach dem Standardrezept hergestellt und anschließend mit 2–3 Esslöffeln Blaubeeren im Mixer vermischt. Zum Schluss gibt man noch eine Handvoll Walnüsse hinzu, die nur ganz kurz mit vermixt werden. Die Walnüsse sollen noch in kleinen Stückchen erhalten bleiben, also nur durch einen kleinen Stoß des Mixers mit vermixt werden. Diese Quark-Leinöl-Creme ist ganz besonders gut im Geschmack.

Quark-Leinöl als Frühstücksmüsli, mit Muttersäften

Standardzutaten Nr. 1
*1 Apfel * 100 ccm Muttersaft*
(Kirsch, Heidelbeer oder Johannisbeer)

In eine kleine Schüssel gibt man 2 Esslöffel Linomel. 1 Apfel wird grob geraspelt, man übergießt Apfel und Linomel mit 100 ccm Kirschmuttersaft oder Heidelbeermuttersaft. Anschließend wird im Mixer die Quark-Leinöl-Creme in der Weise zubereitet, dass man zuerst Leinöl, Milch und Honig mischt, den Quark nach und nach hinzugibt, bis eine absolut homogene Masse entstanden ist.

Zum Schluss fügt man ½ Teelöffel gepulverte, echte Vanille hinzu. Nun überschichtet man damit die Obstmischung und serviert ohne umzurühren.

Quark-Leinöl als Frühstücksmüsli, mit Pfirsichen

2 Esslöffel Linomel
3 Esslöffel Leinöl
2 Esslöffel Milch
100 g Quark
1 Teelöffel Honig
Pfirsiche, 2–3 schön ausgereifte Früchte!

In ein Schüsselchen gibt man 2 Esslöffel Linomel. Darüber schneidet man einen Pfirsich in kleine Stückchen. Man kann dabei die dünne Haut entfernen. Anschließend mischt man im Mixer Quark, Leinöl, Milch, Honig wie üblich (s. Nr. 1). Dann gibt man einen ganzen Pfirsich (ohne Stein) hinein und püriert mit der Quark-Leinöl-Creme. Zum Schluss zerteilt man den dritten Pfirsich in kleine Stückchen und mischt sie mit der Quark-Leinöl-Mischung, so dass diese Pfirsichstückchen als Fruchtstückchen erhalten bleiben.

Man schichtet diese Quark-Leinöl-Mischung über die Fruchtlage in dem Schüsselchen und garniert vielleicht mit einer abgeschnittenen Kuppe des rotbackigen Pfirsichs. Diese Quark-Leinöl-Mischung ist ganz besonders gut und für den Beginn mit der Öl-Eiweiß-Kost empfehlenswert, falls die Jahreszeit dies gestattet.

Quark-Leinöl als Frühstücksmüsli, mit Pfirsichen II

Standardzutaten Nr. 1
2–4 schöne Pfirsiche
Zitronensaft von
1 Zitrone

Zwei schöne, reife Pfirsiche werden klein geschnitten und über die Linomelschicht gegeben; nun vermischt man die Quark-Leinöl-Creme mit zwei weiteren Pfirsichen und übergießt mit dieser Creme die Fruchtschicht. Man garniert mit einem schönen Stückchen Pfirsich. Hat man Pfirsiche nur für die Fruchtschicht, so ist der Saft einer Zitrone zum Abschmecken der Quark-Leinöl-Schicht in dieser Kombination auch geeignet.

Quark-Leinöl als Frühstücksmüsli, mit Sanddorn

Standardzutaten Nr. 1
1 Apfel
Orangensaft von
1 Orange
1 Esslöffel Sanddornsaft

2 Esslöffel Linomel überschichtet man mit einem geriebenen Apfel, übergießt mit frisch gepresstem Orangensaft und überschichtet mit der Quark-Leinöl-Creme, wie folgt zubereitet:

Man mischt im Mixer Leinöl, Milch, Honig, Quark und schmeckt ab durch Hinzufügen von 1 Esslöffel Sanddornsaft, natur, ungesüßt.

Ouark-Leinöl als Frühstücksmüsli, mit Ananas und Ingwer

Standardzutaten Nr. 1
2 Scheiben Ananas
1 Prise Zimt
1 Prise Ingwer
1 Prise Salz

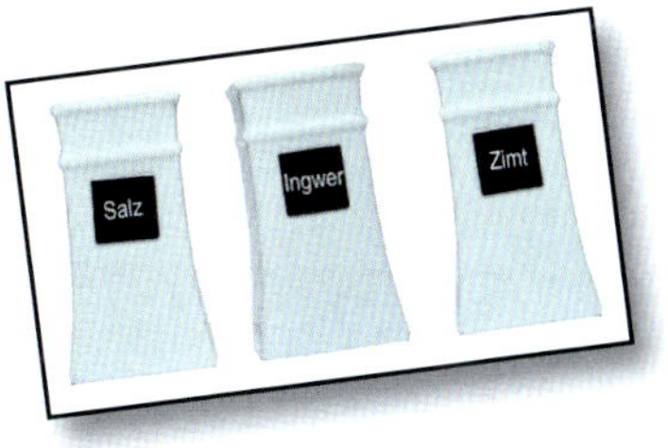

In ein Schüsselchen gibt man 2 Esslöffel Linomel. Klein geschnittene, frische Ananas, die man in verdünntem Salzwasser ½ Stunde hat ziehen lassen, nimmt man nun aus dem Salzwasser und überschichtet damit das Linomel. Anschließend mixt man im Mixer Quark, Leinöl, Milch, Honig gemäß Standardrezept und fügt jetzt eine gut gehäufte Messerspitze voll Zimt sowie frisch abgeriebenen Ingwer hinzu und gibt diese Ingwer-Creme über die Ananasfruchtschicht. Diese Mischung wird vor dem Servieren nicht verrührt, da Ananas bei längerem Stehen in Verbindung mit Leinöl einen bitteren Geschmack bewirkt. Ananas darf nicht mit der Quark-Leinöl-Creme vermixt werden.

Quark-Leinöl Mayonnaisen
Grundrezept

3 Esslöffel Leinöl
3 Esslöffel Milch
3 Esslöffel Quark
1 Esslöffel Zitronensaft
und/oder
2 Esslöffel Apfelessig
1 Esslöffel Senf
½ Teelöffel Kräutersalz

Öl und Milch werden im Mixer mit dem Quark vermischt, dann gibt man Senf, Zitronensaft, Essig und Salz dazu. Diese Quark-Leinöl-Mayonnaise lässt sich in mannigfaltiger Weise wunderbar variieren. Sie ist auch geeignet zur Herstellung eines Kartoffelsalates.

Quark-Leinöl-Mayonnaise, 14 und mehr Variationen

Die gleiche Menge wie beim Grundrezept und Zugabe von:

* 1 Esslöffel Majoran, gut pürieren.
* ½ Esslöffel Majoran und ½ Teelöffel Dill.
* 1 Esslöffel Dill fein gewiegt oder Pulver.
* Shoyu-Sauce Nr. 63, bei Chicorée-Salat angegeben, 3 Esslöffel voll zur Mayonnaise geben.
* 5–6 Gewürzgurken mit der Mayonnaise püriert, auch der Kräuteressig dieser Gewürzgurken (Reform) kann mitverwendet werden.
* 1 Esslöffel Schnittlauch wird nach dem Vermischen der Mayonnaise feingeschnitten und beigemischt.
* 100–200 g Petersilie werden mit der Mayonnaise püriert.
* Das Grundrezept oder die Variationen Nr. 17–23 werden weiter variiert durch Zugabe von 1 Esslöffel Kürbiskernöl.

Sämtliche Mayonnaisen sind zur Rohkostplatte und als Salatsaucen empfehlenswert. Sie lassen sich weiter variieren durch Kombinationen mit den Rezepten, die für die Salate und Saucen angegeben sind.

Quark-Leinöl als Brotaufstrich, (Kümmel-Ouark)

125 g Quark oder Bioghurt
2 Esslöffel Milch
3 Esslöffel Leinöl
1 Prise Salz
1 Teelöffel Kümmel, gemahlen
1 Esslöffel Kümmel, ganz
evtl. weiter kombiniert mit:
1 Teelöffel rotem Paprika
1 Esslöffel Zwiebel, fein gewiegt

Quark, Leinöl, Milch werden unter Zugabe von Salz zu einer festen Paste gemischt, dann gibt man den gemahlenen und den ganzen Kümmel hinzu, vermischt noch einmal gut im Mixer und füllt in ein Schüsselchen ab. Man kann nun roten Paprika und fein gewiegte Zwiebel getrennt servieren oder bereits vermischt und reicht alles zu Brot oder auch zu Kartoffelgerichten.

Quark-Leinöl als Brotaufstrich, mit Kräuterkäse

125 g Quark
evtl. Bioghurt-Quark
2 Esslöffel Milch
3 Esslöffel Leinöl
2 Esslöffel Kräuterkäse, gemahlen

Man vermischt Quark-Leinöl mit Milch zu einer dicklichen Paste und füllt in ein Schüsselchen ab. Nun vermischt man mit 2 Esslöffeln gemahlenem Kräuterkäse und lässt die Mischung ½ Stunde lang gut durchziehen. Angenehm als Beilage zu Kartoffeln, vor allem aber auch als Brotbelag. Sehr geeignet ist z. B. der Schafziegenkäse.

Quark-Leinöl als Brotaufstrich, pikante Kräuter

125 g Quark
evtl. Bioghurt-Quark
2 Esslöffel Milch
3 Esslöffel Leinöl
1 Prise Kräutersalz
½ Teelöffel Dill
1 Esslöffel Majoran
2 Knoblauchzehen

Man vermischt Quark-Leinöl mit Milch zu einer dicklichen Paste und füllt in ein Schüsselchen ab. Nun vermischt man mit 2 zerdrückten Knoblauchzehen und mit Dill und Majoran und lässt die Mischung ½ Stunde lang gut durchziehen. Sehr angenehm als Beilage zu Kartoffeln, vor allem aber als Brotbelag.

Quark-Leinöl als Brotaufstrich, pikant mit Knoblauch

5 Esslöffel Leinöl
2 Esslöffel Dosenmilch
125 g Quark
1 kräftige Knoblauchzehe
1 Teelöffel ganzer Kümmel
½ Teelöffel Kümmel, gemahlen
½ Teelöffel Kräutersalz
1 Prise Thymian

Man mischt im Mixer Quark, Milch und Leinöl, gibt anschließend Kräutersalz, 1 Prise Thymian und den ganzen und den gemahlenen Kümmel im Mixer durch die Quark-Leinöl-Mischung. Nun füllt man in ein Schüsselchen ab und gibt eine kräftige oder zwei feine Knoblauchzehen durch eine Knoblauchpresse in diese Mischung. Zweckmäßigerweise verrührt man das Ganze und lässt diese Mischung ein wenig durchziehen. Diese pikante Quark-Leinöl-Zubereitung kann zu Brot oder auch zu Kartoffeln gegeben werden.

Eine weitere Variation kann erreicht werden durch einfaches Vermischen dieser Zubereitung mit einem gehäuften Teelöffel Majoran, frisch und fein gewiegt oder getrocknet.

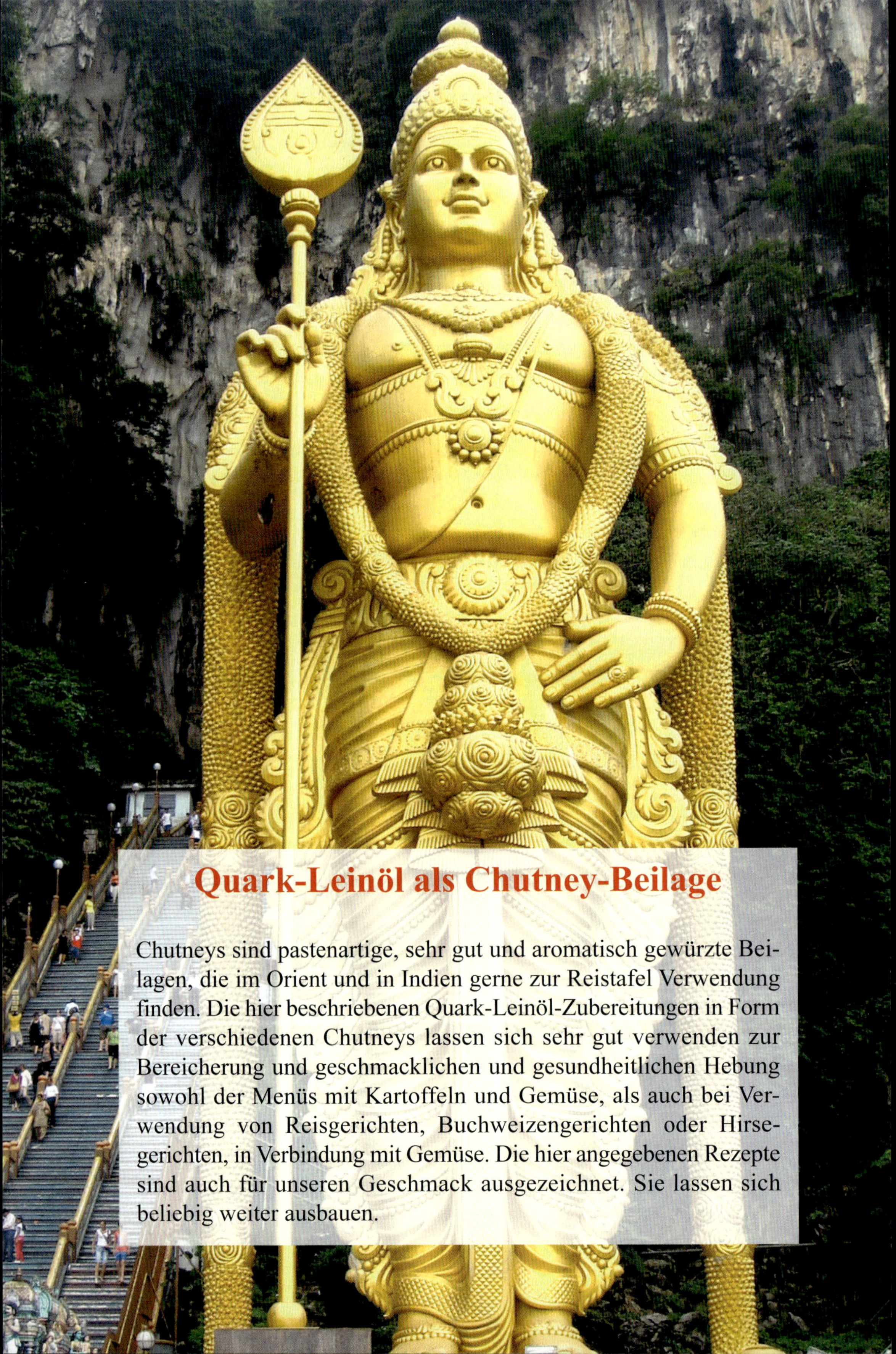

Quark-Leinöl als Chutney-Beilage

Chutneys sind pastenartige, sehr gut und aromatisch gewürzte Beilagen, die im Orient und in Indien gerne zur Reistafel Verwendung finden. Die hier beschriebenen Quark-Leinöl-Zubereitungen in Form der verschiedenen Chutneys lassen sich sehr gut verwenden zur Bereicherung und geschmacklichen und gesundheitlichen Hebung sowohl der Menüs mit Kartoffeln und Gemüse, als auch bei Verwendung von Reisgerichten, Buchweizengerichten oder Hirsegerichten, in Verbindung mit Gemüse. Die hier angegebenen Rezepte sind auch für unseren Geschmack ausgezeichnet. Sie lassen sich beliebig weiter ausbauen.

Quark-Leinöl als Chutney, Standard-Grundmischung I und II

I.
3 Esslöffel Leinöl
2 Esslöffel Milch
125 g Quark
etwas Kräutersalz

II.
1 großer, säuerlicher Apfel
2 Esslöffel frischer Kirschsaft
oder
2 Esslöffel roter Rübensaft

I. Leinöl, Milch, Quark und Salz werden im Mixer zu einer ziemlich festen Paste gemischt. Diese Paste I füllt man in ein Schüsselchen.

II. Etwa 1/3 oder 1/4 dieser Paste wird im Mixer zurückbleiben. Dort hinein wirft man, während der Motor bzw. das Messerkreuz rotiert, den in kleinere Stücke geschnittenen Apfel. Der Apfel wird unter Pürieren mit der Quark-Leinöl-Paste unter Zugabe von etwas Kirschmuttersaft oder rotem Rübensaft gut gemischt und in ein zweites Schüsselchen gefüllt.

Quark-Leinöl als Chutney, Variation 1

Standard-Grundmischung
1 Teelöffel gemahlener Kümmel
1 Esslöffel ganzer Kümmel

Die Chutney-Standard-Grundmischung Nr. I (Quark-Leinöl-Milch-Salz) wird im Mixer kurz mit dem gemahlenen und ganzen Kümmel püriert und so als Beilage zu Kartoffeln oder auch zu Gemüse gereicht.

Quark-Leinöl als Chutney, Variation 2

Standard-Grundmischung und 200 g Petersilie

Die Grundmischung wird mit der gesamten Petersilie püriert und so als Beilage zu Kartoffeln, zur Gemüseplatte oder zur Salatplatte gereicht.

Quark-Leinöl als Chutney, Variation 3

Standard-Grundmischung
1 Esslöffel Zwiebel, fein gewiegt
1 Teelöffel Paprika
1 Teelöffel Kümmel
2 saure Gurken

Zu der im Mixer zubereiteten Standard-Grundmischung Nr. I werden in einem Schüsselchen Kümmel, Paprika und die Zwiebeln darunter gemischt. Die sauren Gurken werden der Länge nach gespalten oder in Scheiben geschnitten dazugegeben. Als Zugabe zu Kartoffeln, Gemüseplatten usw. geeignet.

Quark-Leinöl als Chutney, Variation 4

Standard-Grundmischung 1
1 saurer Hering und saure Zwiebeln

Ein saurer Hering wird entgrätet, in kleine Stückchen geschnitten und unter Verwendung von reichlich sauren Zwiebeln unter die Standard-Grundmischung gemischt. Für Liebhaber geeignet.

Quark-Leinöl als Chutney, Variation 5

Standard-Grundmischung 1
½ Apfel und 1 Stck. Meerrettich,
je nach Geschmack, 1 cm dick

In einem Mixer vermischt man den Meerrettich unter Zugabe der Milch, dann anschließend mit Leinöl, Quark (entsprechend der Grund-Mischung) und gibt zuletzt den halben Apfel durch die Mischung und püriert alles. Sehr gut als Beilage zu verschiedenen Gerichten und von großem, gesundheitlichen Wert, besonders für die Leberfunktion.

Quark-Leinöl als Chutney
Variation 6

Standard-Grundmischung I, Nr. 29
Standard-Grundmischung II, Nr. 30
Zutaten der Variation
1–5 können beliebig
verwendet werden.

Unter Verwendung der Standard-Grundmischung I und der verschiedenen Variationen Nr. 1–5 können weitere Geschmacksabwandlungen erreicht werden, indem man einfach wahlweise die Standard-Grundmischung II hin und wieder mitverwendet. Man kann so, wenn man etwa Gäste erwartet, eine Fülle von Variationen schaffen. Man beachte dabei auch die Farbeffekte bei Benutzung der Standardmischung 2.

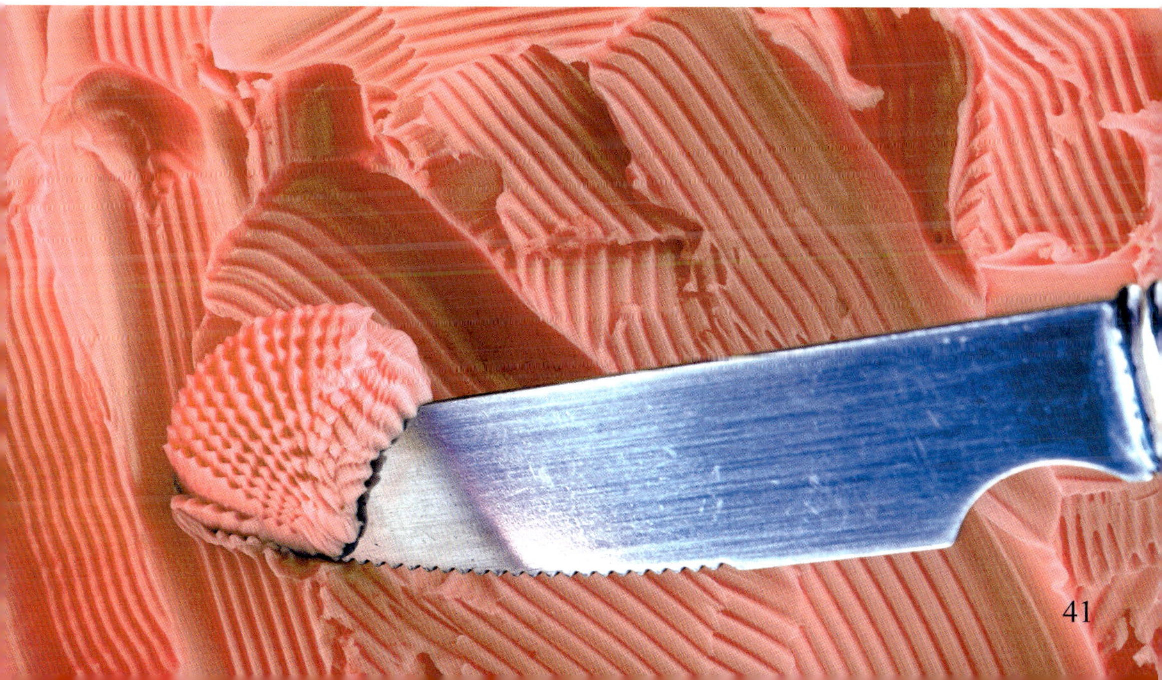

Quark-Leinöl als Chutney
à la Tscha-Tschi
Tscha-Tschi-Grundmischung I

3 Esslöffel Leinöl
2 Esslöffel Milch
100 g Quark
50 g Walnüsse
Saft ½ Zitrone
2 Knoblauchzehen
½ Teelöffel Kräutersalz

Im Mixer werden Leinöl, Milch, Quark mit dem Zitronensaft vermischt, zuletzt gibt man die Handvoll Walnüsse hinein, püriert alles und füllt in eine Schale ab. Nun werden zwei Knoblauchzehen durch eine Knoblauchpresse gedrückt und mit der Quark-Leinöl-Mischung gut verrührt.

Tscha-Tschi-Grundmischung II

3 Esslöffel der
Tscha-Tschi-Grundmischung I
1 Apfel
½ Tasse frischer Kirschsaft
oder rote Beetesaft
mit etwas Apfelsaft gemischt

Die Tscha-Tschi-Grundmischung I wird mit dem Apfel und dem Kirschmuttersaft oder dem Saft von roter Beete mit Apfel im Mixer püriert. Diese Tscha-Tschi-Grundmischung II kann in mannigfaltigster Weise in Kombination mit der Grundmischung Tscha-Tschi I variiert werden.

Tscha-Tschi
Variation 1

Tscha-Tschi-Standard-Mischung I
1 grüne frische Gurke

Die Standard-Mischung aus Quark-Leinöl, Milch, Zitrone, Walnüssen und Knoblauch wird, wie oben beschrieben, zubereitet. Die Gurke wird fein würfelig geschnitten und mit der Tscha-Tschi-Mischung vermengt.

Variationen:

Man gibt zu dieser Mischung 1–2 Teelöffel der roten Standardmischung Tscha-Tschi II. Geeignet als Beilage zur Gemüseplatte, zu Kartoffeln oder auch zur Rohkostplatte.

Tscha-Tschi
Variation 2

1 Esslöffel Tscha-Tschi I
1 Esslöffel Apfel-Tscha-Tschi II
2 Esslöffel süß-sauren Paprika,
fein gewürfelt

Man mischt gleiche Teile des roten und weißen Tscha-Tschi und vermengt mit fein gewürfeltem, süß-sauren Paprika.

Tscha-Tschi
Variation 3

1 Esslöffel weißen Tscha-Tschi I
1 Esslöffel roten Tscha-Tschi
1 gute Messerspitze Koriander, gepulvert

Alles gut mischen und durchziehen lassen.

Tscha-Tschi
Variation 4

1 Esslöffel weißen Tscha-Tschi
1 Esslöffel roten Tscha-Tschi I
1 Teelöffel Tomaten-Ketchup (biologisch)

Die Zutaten mischen.
Als Beilage ausgezeichnet.

Tscha-Tschi
Variation 5

1 Esslöffel weißen Tscha-Tschi
1 Esslöffel roten Tscha-Tschi
1 Esslöffel Paprika-Ketchup

Man mischt die beiden Tscha-Tschi-Grundmassen mit Paprika-Ketchup und reicht das Ganze als Beilage zu Gemüse, Salatplatten oder auch zu Kartoffeln oder Reis.

Tscha-Tschi
Variation 6

2 Esslöffel Tscha-Tschi weiß
2 Esslöffel Tscha-Tschi rot
½ Teelöffel roter Pfeffer
1 Teelöffel roter Paprika
1 Teelöffel Senf

Man mischt die beiden Tscha-Tschi-Grundmischungen mit den Gewürzen. In dieser Form als Beilage gut geeignet.

Weitere Variationen:

Kombiniert mit sauren Perlzwiebeln, Mixed-Pickles, süß-saurem Paprika, auch mit Apfelstückchen oder frischer, fein gewürfelter Gurke. Als Beilage zu Gemüse oder allgemein wie unter Chutneys beschrieben.

7 verschiedene Tscha-Tschi-Variationen

7 verschiedene Tscha-Tschi-Variationen

Der Grundmischung Tscha-Tschi I oder Tscha-Tschi II oder einer Mischung von beiden fügt man etwa auf 3–4 Esslöffel Tscha-Tschi folgende Zutaten hinzu:

* 1 Teelöffel Kokosraspeln oder
* 1 Teelöffel Preiselbeeren oder
* 1 Teelöffel Orangeade oder
* 1 gedämpften Apfel mit geriebenen Mandeln usw.
* Auch die Kombinationen der Tscha-Tschi-Mischungen I oder I und II gemischt mit den Soja Saucen Nr.144 a–d sind sehr geeignet. Sämtliche Chutneys einschließlich der Tscha-Tschi-Rezepte können ausgezeichnet weiter variiert werden:
* durch Hinzufügen von 1 Esslöffel Kürbiskernöl,
* durch Hinzufügen von 1 Esslöffel Kürbiskernöl und ½ Teelöffel Honig,
* durch Hinzufügen von 3–5 Spritzern des Gewürzes Tabasco,
* durch Hinzufügen von 1 Esslöffel Kürbiskernöl, ½ Teelöffel Honig und 5 Spritzern Tabasco, ausgezeichnet z. B. zu den Nuss- und Knoblauch enthaltenden Tscha-Tschi-Rezepten.
* Die Zugabe einer Messerspitze mit Ingwer oder Koriander zu diesen Chutney-Rezepten vermittelt eine interessante Note, insbesondere in Verbindung mit Kürbiskernöl und etwas Honig.

Vorsicht ist geboten bei folgenden Zutaten:

Pampelmuse (Grapefruit) * Ananas
frische pürierte Tomaten

Quark-Leinöl-Vermischungen mit Pampelmusen werden leicht bitter, ebenso Ananas in der Quark-Leinöl-Mischung; unterschichtet dagegen ist die Kombination mit Ananas ausgezeichnet.

Pürierte Tomaten in der Quark-Leinöl-Mischung sind nicht günstig; die Anwendung von Tomaten-Ketchup (selbstgemacht oder biologisch) dagegen ist möglich.

Salate

Der Wert der Rohkost wird in zunehmendem Umfange anerkannt. »Wir essen viel Salat«, diese Antwort hört man heute häufig, wenn jemand die moderne, fortschrittliche Ernährung dokumentieren will. Es handelt sich dann oft fast ausschließlich um den getriebenen Kopfsalat, bestenfalls mit einigen Tomaten garniert.

Die Verwendung von fast allen Gemüsesorten, insbesondere Rüben, wie Rettich, Radieschen, Sellerie, rote Beete, auch von Lauch, Blumenkohl, Fenchel, Weißkohl oder Rotkohl wird erst interessant, wenn man es versteht, diese so zu servieren, dass sie weich und nicht hart und sperrig sind. Dies erreicht man, indem man die in diesem Buch angegebenen Rezepte unter Verwendung von viel Öl in Verbindung mit etwas Quark und viel Küchenkräutern und Gewürzen benutzt.

Die so gerichteten Salatplatten sind geschmacklich sehr leicht zu variieren, so dass man auf einer Salatplatte die Ouark-Leinöl-Mayonnaise mannigfaltig gestalten kann. Einerseits mit Schnittlauch, Dill, Kümmel oder Senf in Verbindung mit Banane oder andererseits die unter Saucen angegebenen Variationen der Shoyu-Salatsaucen benutzt. Beherrscht man die dort angegebenen Anregungen erst einmal, so bereitet es Freude, die Familie täglich mit neuen und interessanten Salatsaucen zu überraschen. »Oh, diese herrlichen Salatsaucen«, so höre ich es oft von früheren Gegnern der harten und leeren Salate.

Ein bis zwei Schalen mit Mayonnaisen zusätzlich auf den Tisch zu stellen, empfiehlt sich sehr. Die Rohkostplatte mit feiner Mayonnaise beweist die gute phantasievolle Köchin und Mutter. Die Salatplatten werden in ihren Variationen weitgehend durch das Marktangebot und durch die Jahreszeit bestimmt. Bei aller Bereicherung durch »Rezepte« bleibt wesentlich, dass die Hausfrau es versteht,

bei der Zubereitung der Salat-Saucen ständig neue Geschmacksnuancen zu schaffen.

Wenn im Frühjahr der wundervoll zarte Löwenzahn für die Salatplatte zur Verfügung steht, so sollte es täglich Löwenzahn-Salat geben. Dieser sollte aber auch geschmacklich täglich neu variiert werden. Z. B. ist die Zugabe von Zwiebeln oder Knoblauch wertvoll. Weitere Möglichkeiten, denselben Salat in neuer Gestalt anzubieten, erhält man durch Abschmecken mit Shoyu, Tomatenmark, Paprika-Ketchup und Kürbiskernöl. Auch durch Vermischen mit süß-saurem roten Paprika oder Perlzwiebeln werden weitere schöne Formen desselben wertvollen Gerichtes wie Löwenzahn-Salat erreicht. Dies sei nur als ein Beispiel angeführt, wie trotz aller Rezepte die liebevolle Zubereitung über alle Rezepte hinausführt.

Rüben mit Meerrettich

*500g rote Rüben * 1 Esslöffel Kümmel*
*1 Esslöffel geriebener Meerrettich * ½ Teelöffel Kräutersalz*
*2 Esslöffel Leinöl * 2 Esslöffel Milch * 1 Esslöffel Quark*
*1 Apfel * 3 Esslöffel Apfelessig*

Die roten Rüben werden gut gesäubert und mit der Schale gekocht, bis sie gar sind (durch Einstechen mit der Gabel feststellbar). Die geschälten roten Rüben werden in Scheiben geschnitten. In einem Mixer mischt man Quark, Leinöl, Milch und gibt dann den geriebenen Meerrettich hinein (Meerrettich am Stück am besten vorher mit der Milch im Mixer zerkleinern) und fügt danach Essig, Salz und Kümmel zu dieser Mischung, die man ganz zum Schluss mit dem Apfel versetzt, der ebenfalls im Mixer zerkleinert wird. Man kann nun in der Weise vorgehen, dass man die sehr dünn geschnittenen Scheiben der roten Rüben mit der Quark-Leinöl-Zubereitung vermischt und nach gutem Durchziehenlassen serviert.

Gut ist auch eine andere Form der Zubereitung. Die Scheiben der roten Rüben werden 5–7 mm dick geschnitten und in einer Schüssel geschichtet. Zwischen diese Lagen gibt man nun die ziemlich kompakt zubereitete Mischung aus Quark, Leinöl, Meerrettich, Kümmel usw. Auch diese Zubereitung sollte mindestens ½ Stunde lang ziehen, bevor man serviert.

Gurkensalat, pikant

*1 Schlangengurke * ½ Teelöffel Kräutersalz*
*3 Esslöffel Leinöl * 3 Esslöffel Milch*
*1 Esslöffel Quark * 1 Esslöffel Apfelessig*
*2 Knoblauchzehen * 1 Paprikaschote*

Die Schlangengurke wird gesäubert, aber nicht geschält und anschließend in feine Scheiben gehobelt und mit Salz vermischt. Nun bereitet man die Sauce aus Quark, Milch, Leinöl, Apfelessig und gibt zum Schluss in diese Mischung die gepressten Knoblauchzehen.

a) Diese Mayonnaise kann man in dieser Form mit den Gurken zum Salat mischen und dann servieren.

b) Man hobelt eine von den Kernen befreite Paprikaschote fein und mischt diese zu dem unter a) angegebenen Gurkensalat.

Tomatensalat

500 g Tomaten * 3 schöne Paprikaschoten
2 große Zwiebeln * ½ Teelöffel Kräutersalz
½ Teelöffel Pfeffer * 1 Teelöffel Paprika
1 Esslöffel Dill oder Petersilie, evtl. Zitronensaft

Nach dem Säubern der Tomaten und der Paprikaschoten, die man von den Kernen befreit, wird alles, Tomaten, Paprikaschoten und Zwiebeln sehr fein gehobelt und anschließend mit Salz, Pfeffer, Paprika und Dill vermischt. Man lässt alles etwa ½ Stunde gut durchziehen. Diesen Tomatensalat kann man mit und ohne Zitronensaft servieren, ebenso mit oder ohne Öl. Beide Geschmacksvariationen sind ausgezeichnet.

Tomatensalat indischer Art 1

*500 g Tomaten * Salz * Pfeffer schwarz*
*Pfeffer weiß * 3 Esslöffel Leinöl*
*3 Esslöffel Apfelessig * ½ Teelöffel Rosenpaprika*
*1 Tasse Kokosraspeln * 1 Tasse Wasser*

Die Tomaten werden in Scheiben geschnitten und mit der Sauce aus Öl, Essig, schwarzem und weißem Pfeffer und Paprika gut vermischt und mit Salz abgeschmeckt. Nun gibt man die Tasse voll Kokosraspeln (keine ranzige Ware verwenden!) in einen Mixer und püriert fein mit einer Tasse voll Wasser. Diese Kokosmilch gießt man über den Tomatensalat, lässt ihn mindestens ½ Std. durchziehen, dann servieren.

Tomatensalat indischer Art 2

*500 g Tomaten * Salz * schwarzen Pfeffer*
*3 Esslöffel Leinöl * 1 Esslöffel Kürbiskernöl*
*3 Esslöffel Apfelessig * 3 Esslöffel Selleriegrün, fein gewiegt*

Die Tomaten werden in feine Scheiben geschnitten und mit der Salattunke aus den Ölen, mit Apfelessig, Salz und Pfeffer abgeschmeckt, angemacht. Zum Schluss vermischt man mit dem sehr fein gewiegten und zarten Selleriegrün.

Tomatensalat mit Minze

*500 g Tomaten * 2 große Zwiebeln*
*Salz und Pfeffer * 2–3 Pfefferminzblätter*
*½ Teelöffel Honig * 1 Messerspitze Ingwer*
*½ Tasse Leinöl * 1 Esslöffel Kürbiskernöl*

Die Tomaten werden in Scheiben geschnitten. Zur Zubereitung der Salattunke werden die Zwiebeln fein gehobelt, die Pfefferminzblätter werden sehr fein gewiegt, nun vermischt man Zwiebeln, Pfefferminzblätter, Öl, Essig, Salz, Pfeffer, Honig und Ingwer zu einer Salattunke und gibt zuletzt die Tomatenscheiben hinein, vermischt alles gut und serviert.

Chicoréesalat mit Kresse

*2 mittelgroße Chicorée * 50 g Kresse*
3 Esslöffel Soja-Sauce Shoyu
*3 Esslöffel Wasser * 2 Esslöffel Essig*
*2 Knoblauchzehen * 1 Teelöffel Honig*
*1 Teelöffel Kokosraspeln * 2 Esslöffel Leinöl*
2 Esslöffel Kürbiskernöl

Der Chicorée wird in 5 mm breite Scheiben geschnitten. Die Hälfte der Sauce, zu der man einfach alle oben stehenden Zutaten gemischt hat, wird mit einem Teelöffel Kokosraspeln versetzt und im Mixer mit einem Esslöffel Leinöl und 2 Esslöffeln Kürbiskernöl verarbeitet. Man vermengt mit dieser Sauce den Chicorée und häuft diesen in der Mitte eines Tellers oder einer Salatplatte zu einem Berg an.

Den zweiten Teil der Sauce – ohne Kokosraspeln – versetzt man nur mit einem Esslöffel Leinöl und vermischt diese Sauce mit der Kresse. Diese ordnet man dann am Fuße des Chicoréeberges zu einem zierlichen Kranz ringsherum an. Die Kontrastwirkung der verschiedenen Geschmacksrichtungen, Chicorée, Soja-Sauce, Kresse, macht sich ausgezeichnet.

Grüne Bohnen als Salat

*500 g grüne Bohnen * 1 große Zwiebel*
*etwas Bohnenkraut * 1 Esslöffel Shoyu*
*2 Esslöffel Leinöl * 1 Esslöffel Milch oder Buttermilch,*
je nach Geschmack etwas Paprika
schwarzen, weißen und roten Pfeffer

Die Bohnen werden gesäubert, von den Fäden befreit und in Stücke zerbrochen. Mit wenig Wasser oder im Dampfbad werden sie zusammen mit einem Sträußchen Bohnenkraut (evtl. auch in getrockneter Form) gar gekocht. Nicht zu weich kochen! Man bereitet nun in einer Schüssel die folgende Salattunke zu: Leinöl, Milch, feingewiegte Zwiebel und Shoyu werden gut verrührt. Nun gibt man die Bohnen nach vorherigem Abkühlen in diese Salattunke und vermischt sie gut.

Man kann für die Zubereitung dieses Bohnensalates auch die folgenden Salatsaucen benützen: Türkische Salatsauce, Shoyu Salatsaucen süß, pikant, Syrische Beilage I, Syrische Beilage II, Nuss-Paprika-Sauce nach dem Erkalten.

Zwiebelsalat mit grünen Bohnen

*250 g Zwiebel * 250 g grüne Bohnen*
*1 Tasse Leinöl * ½ Tasse Apfelessig*
*½ Teelöffel Honig * ½ Teelöffel Paprika*
Kräutersalz

Die Zwiebeln werden grob geschnitten, je nach Größe geviertelt oder in 1/8 Stücke geschnitten und in Wasser gekocht, dem man den Honig beigefügt hat. Die Zwiebeln nicht zu weich kochen, nur dass sie glasig werden. Die grünen Bohnen werden getrennt im Dampftopf gegart oder mit wenig Wasser gekocht. Beide, die vom Wasser befreiten Zwiebeln und die vom Kochwasser befreiten Bohnen werden in eine Salatsauce gegeben, in der Leinöl, Essig, Salz, Paprika, evtl. nach Zugabe von etwas Shoyu oder Kräutersalz, gut vermischt wurden. Man vermischt Zwiebeln und Bohnen mit der reichlich Öl enthaltenden Salattunke.

Eine ausgezeichnete Beilage neben gekochtem Gemüse, zur Gemüseplatte oder auch zu einer größeren Salatplatte.

Möhren für die Rohkostplatte

250 g Möhren
1 Orange
1 Prise Anis

Die Möhren werden geputzt und fein geraffelt und mit dem Saft einer Orange vermischt. Man kann eine kleine Prise Anis als weiteres Geschmackskorrigens hinzufügen.

Selleriesalat

2 Sellerieknollen, mittelgroß
Shoju Salatsaucen süß-pikant
oder Türkische Salatsauce
oder Chutneys Standard-Grundmischung 1
oder Bananen-Creme

Die Sellerieknollen werden am besten gut gebürstet, damit sie vollständig sauber sind (die kleinen Wurzeln kann man zu diesem Zweck entfernen). Sie werden nun in der Schale gar gekocht, im Wasser, dem man 1 Esslöffel Apfel- oder Weinessig oder etwas Zitronensaft beigegeben hat. Nach dem Garkochen, in etwa 15 Min., lässt sich die Schale leicht entfernen. Man zerteilt den Sellerie nun in kleine Scheiben oder Stücke, lässt ihn erkalten und vermischt ihn mit:

* Shoju Salatsaucen süß-pikant - oder
* Türkischen Salatsauce - oder
* Apfelmus roh Varianten - oder
* mit der Apfel enthaltenden Chutney-Grundmischung 2.

Man kann natürlich auch einfach 2 Esslöffel Apfelessig, 2 Ess-löffel Apfelsaft, 2 Esslöffeln Leinöl und etwas Selleriesalz oder Kräutersalz vermischen, um einen klaren Salat zu haben. Die Kombinationen mit Nusssauce, etwa der Türkischen Salatsauce oder den Apfel roh Varianten, sind besonders gut, ebenso Selleriestückchen mit Bananen-Zitronen-Creme.

Gurkensalat

2 grüne Schlangengurken
2 Esslöffel fein geschnittenes frisches Dillkraut
oder
1 gehäufter Teelöffel
getrockneter Dill
Quark-Leinöl-Mayonnaise Grundrezept

Die Gurken werden gründlich gewaschen und mit der Schale fein gehobelt. Man bestreut mit wenig Kräutersalz und lässt den Saft der Gurke ½ Std. lang austreten. Anschließend vermischt man mit der Standardmischung des Quark-Leinöl-Mayonnaise Grundrezepts, eventuell mit sauren Gurken, und vermischt diese mit reichlich frischem Dill oder Dill-pulver. Der Gurkensalat gewinnt, wenn man ihn ein wenig durch-ziehen lässt, ganz besonders, wenn man getrocknete Kräuter verwendet.

Karotten bzw. Möhrensalat, gekocht

250 g Möhren
½ Tasse Leinöl
½ Tasse Apfelessig
2 Esslöffel Shoyu
½ Teelöffel Ingwer
Salz
Pfeffer

Die Möhren bzw. Karotten werden geputzt und mit ganz wenig Wasser, nicht zu weich gar gekocht. Zweckmäßigerweise nur kurz gedämpft. Anschließend werden die Möhren in Streifen geschnitten von etwa 3 cm Länge. Nach dem Abkühlen vermengt man mit einer Sauce aus den Zutaten Öl, Essig, Salz, Pfeffer, Ingwer und Shoyu.

Weitere Variationen: Man kann zum Salat aus gekochten Möhren die verschiedenen Quark-Leinöl-Mayonnaisen verwenden.

Salatplatte mit gemischten Salaten

*3 Esslöffel Quark * 3 Esslöffel Leinöl * 3 Esslöffel Milch*
*1 Esslöffel Senf * ½ Teelöffel Honig oder ½ Banane*
*3 saure Gurken * 3 Esslöffel Apfelessig * Saft einer halben Zitrone*
*grüne Salate * rote Beete * Sellerie roh*
*Petersilienwurzel * Kohlrabi * grüne Bohnen usw.*

Die Salate bzw. Rohkostgemüse werden derart angeordnet, dass immer ein grüner Salat zur Anwendung kommt. Entweder Blattsalat, Endiviensalat fein geschnitten, Feldsalat oder auch Kresse. Man arrangiert den grünen Salat in der Mitte einer Salatplatte. Fein geraffelte Kohlrabi oder rote Beete roh oder gekocht werden getrennt angehäufelt. Im Mixer bereitet man nun aus Quark, Lein-Öl, Milch, Senf, sauren Gurken und etwas Salz eine Mayonnaise. Diese Mayonnaise verteilt man in verschiedene kleine Schüsselchen. Man vermischt nun einen Teil etwa mit fein geriebenem Blumenkohl, fein geriebenen Schwarzwurzeln, fein geraffeltem Selerie, unter Zugabe von 1/4 fein geriebenem Apfel; rote Beete unter Zugabe von gemahlenen Walnüssen, Gurkenscheiben unter Zugabe von Dill zu dieser Mayonnaise, grüne Bohnen unter Zugabe von ein wenig fein zerkleinerter Zwiebel zu dieser Mayonnaise usw. Den Rest der Mayonnaise püriert man im Mixer mit 1/2 Banane und gibt diese so abgeschmeckte Mayonnaise über den grünen Salat in der Mitte der Salatplatte.

Die verschiedenen Rohkostzubereitungen, wie oben beschrieben, arrangiert man nun um den grünen Salat. Auf diese Weise erhält die Quark-Leinöl-Zubereitung in jedem Fall eine andere Geschmacksrichtung. Die Platte ist so für den Kranken wesentlich interessanter, als wenn die Mayonnaise – nur in einer Geschmacksrichtung zubereitet – über die ganze Salatplatte gegeben wird.

Lauch als Salat

500 g Lauch
Shoju Salatsaucen, süß pikant
oder
Quark-Leinöl-Mayonnaise Grundrezept

Der Lauch wird gesäubert, in feine Scheiben geschnitten, nur kurz gedämpft oder halb gar gekocht. Von der Kochbrühe befreit und als Salat zubereitet, mit Salatsaucen oder mit der Quark-Leinöl-Mayonnaise z. B. wie zu der Rohkostplatte oder der Salatplatte mit gemischten Salaten.

Das Kochwasser als Gemüsebrühe verwenden, z. B. für die Buchweizengrützensuppe am Abend.

Weißkohlsalat, roh

1 kleiner Weißkohl `½ Tasse Leinöl
*2 Esslöffel Kürbiskernöl * 1 Zwiebel*
*2 Knoblauchzehen * 1 Esslöffel Shoyu*
1 Esslöffel Kokosflocken

Die vom Strunk befreiten Weißkohlblätter werden fein geraspelt. In dem Leinöl werden Zwiebel und zerdrückte Knoblauchzehen kurz erhitzt. Man nimmt vom Feuer, fügt Kokosflocken und Shoyu hinzu und gibt in die heiße Sauce die fein geraspelten, rohen Weißkohlstreifen. Dann gibt man das Kürbiskernöl hinzu und vermischt alles miteinander.

Diesen Weißkohlsalat kann man heiß oder kalt servieren. Zum Verfeinern kann man diese fertige Mischung mit etwas Dosenmilch übergießen und vermengen.

Weißkohlsalat, Indischer Art

*500 g Weißkohl * 1 große Zwiebel*
*schwarzen Pfeffer * 1 Stange Lauch*
*1 Messerspitze Ingwer * ½ Tasse Leinöl*
*3 Esslöffel Apfelessig * 1 Prise Salz*

Der Weißkohl wird fein gehobelt. Man kann ihn mit kochendem Wasser kurz abbrühen oder auch vollständig roh zubereiten. Nun bereitet man die Salattunke, indem man Öl, Essig, Salz, Pfeffer und eine gute Prise Ingwer vermischt. 1 Zwiebel und von der Lauchstange nur die zarten, gelben Anteile werden sehr fein gehobelt und mit der Salattunke vermischt. Nun vermengt man den Weißkohl mit dieser Salattunke. Vor dem Servieren etwa ½ Std. gut durchziehen lassen.

Zwiebelsalat als Beilage

*4 große Zwiebeln * 1 Pfefferschote oder roter Pfeffer*
*1 saurer Apfel * ½ Zitrone*
*2 Esslöffel Leinöl * Salz*
1 Prise schwarzer Pfeffer und weißer Pfeffer
evtl. 1 Esslöffel Milch

Die Zwiebeln werden fein gehobelt und dann fein gewiegt. Der Apfel kann fein oder sehr fein geraspelt werden. Die Pfefferschote wird fein gehobelt. Zitrone, Leinöl, Salz und Pfeffer werden verrührt. Man kann die Schärfe etwas mildern, durch Zugabe von 1 Esslöffel Milch, die auch Zitrone und Öl besser bindet. Anschließend verrührt man Zwiebeln, Apfel und Pfefferschote mit der Sauce. Diese Sauce ist geeignet als Zugabe zur Salatplatte, neben der Quark-Leinöl-Mayonnaise oder aber als Beilage zu Kartoffeln und Gemüse, Reisgerichten mit Gemüse oder zu Buchweizenzubereitungen in herzhafter Form.

Kräutersalat

1 Stange Lauch
Borretsch und Spinat und Sauerampfer
*Majoran, möglichst frisch * Thymian*
*Zitronenmelisse * Dill und Petersilie*
*½ Tasse Leinöl * 1 Zitrone*
*1 Teelöffel Honig * 2 Knoblauchzehen*
150 g Buchweizengrütze oder Grünkern
2 Esslöffel Oleolux

Von der Lauchstange werden nur die feinen, weichen, hellen Anteile sehr fein geschnitten, von allen übrigen Kräutern nimmt man etwa eine Handvoll. Alles wird fein gewiegt. Man mischt mit der Salatsauce aus Leinöl, Zitronensaft, Honig, der zerdrückten Knoblauchzehe, die gesamten Kräuter und lässt dies 1 Std. lang gut durchziehen. Grünkern oder Buchweizen werden in dem geschmolzenen Oleolux angeröstet und dem Kräutersalat so knusprig beigemischt. Dieser Kräutersalat ist sehr schmackhaft, besonders für Liebhaber, und von großem gesundheitlichem Wert und leicht bekömmlich. Dieser feine Salat kann vor allen Dingen als Beilage gereicht werden, etwa zu Reisgerichten mit Gemüse oder zu Kartoffelgerichten mit gekochtem Gemüse.

Spargelsalat mit Mayonnaise

*1 kg Spargel * 250 g Quark*
*150 g Leinöl * 75 g Milch*
*5 saure Gurken * 1 Esslöffel Senf*
*Salz * ½ Teelöffel Honig*

Der Spargel wird wie üblich geschält, mit einem Zwirnfaden gebündelt, in leichtem Salzwasser gar gekocht. Den Spargel darf man zuerst in das kochende Wasser geben. Man nimmt das geschlossene Bündel heraus, lässt es erkalten und schneidet es in etwa 5 cm lange Stücke. Die Mayonnaise wird wie folgt zubereitet:

Quark, Leinöl, Milch und Senf werden im Mixer gut gemischt. Zum Schluss gibt man 5 saure Gurken hinein, püriert fein und rundet den Geschmack mit einem halben Teelöffel Honig ab. Mit Salz abschmecken oder auch mit etwas Shoyu. Man vermischt die Spargelstücke mit der Mayonnaise. Dieser Spargelsalat kann sehr gut kombiniert werden mit rohen, weichen, süßen Erbsen oder auch mit gekochten und erkalteten, gestiftelten Möhren. Dieser Salat ist als Vorspeise oder in Verbindung mit der Salatplatte zu reichen.

Löwenzahnsalat

250 g junger Löwenzahn,
(am besten der schmalblättrige)
*1 Zwiebel * 3 Esslöffel Leinöl*
*2 Esslöffel Milch * 2 Esslöffel Quark*
*Kräutersalz * 2 saure Gurken*

Der zarte, gut gewaschene Löwenzahn wird so zubereitet, dass auch die kurzen Stückchen der Wurzel, gesäubert und sehr klein geschnitten, mit verwendet werden. Auch der Löwenzahn wird sehr fein geschnitten. Die Blütenknospen können mit verwendet werden. Getrennt bereitet man eine Mayonnaise zu aus: Leinöl, Milch, Quark, 1 Esslöffel Apfelessig, 2 sauren Gurken, etwas Kräutersalz, evtl. mit etwas Senf. Zuletzt vermengt man die Mayonnaise mit der klein geschnittenen Zwiebel (nicht im Mixer mitmischen). Nun werden Mayonnaise und Löwenzahn vermischt. Der Salat gewinnt, wenn man diese fertige Mischung etwa 1 Stunde vor der Mahlzeit kühl stellt.

Buchweizen, Reis und andere Zerealien, Kartoffeln, Hülsenfrüchte usw.

Diese Beilagen zu Gemüse oder zu Salaten sind nicht weniger wichtig. Den Schwerkranken belasten Kartoffeln oft zu sehr, ebenso den Geistesarbeiter. Der Student z. B. oder der Sportler versuche einmal nach der strengen Form der Krankenkost zu leben. Er wird sich wundern, wie das Leistungsvermögen gesteigert wird. Kartoffeln belasten mehr als etwa Buchweizen. Die Russen haben noch sehr viel Buchweizengerichte in der Hauptmahlzeit. Im Fernen Osten bevorzugt man Reis. Beides ist wichtig. Als Reis sollte man den ungebleichten Naturreis wählen. Für die Zubereitung von Buchweizen, die ganz besonders für den Kranken empfohlen wird, und für die Zubereitung von Reisgerichten gibt es in diesem Kapitel einige Rezepte.

„Als Krankenspeise seien besonders die verschiedenen Zubereitungsformen aus Buchweizen empfohlen. Dieser ist stark schleimführend, daher von hohem gesundheitlichem Wert und leicht bekömmlich.

(Quelle: Krebs - ein Fettproblem)

Es wird aber gebeten, folgendes zu beachten und zu erproben: Werden die Gemüsesorten fettreich zubereitet und sehr herzhaft gewürzt, so ist die einfache neutrale Zubereitung der Buchweizengrütze oder auch von Reis zweckmäßiger. Ein gut abgeschmecktes Gemüse wird durch die neutral und dezent abgeschmeckte Buchweizengrütze sehr gut ergänzt. Z. B. Brennnesselgemüse mit viel Gewürzen, Knoblauch, Paprika und Pfeffer zubereitet, ist ausgezeichnet in Verbindung mit Buchweizengrütze, die nur in Wasser gegart wurde und getrennt als Beilage gereicht wird. Auch im Fernen Osten ist das Reisgericht ja fast ständig neutral. Die Beilagen sind dafür um so herzhafter und interessanter.

Unsere Fleischküche, die man »abwechslungsreich« nennt, ist erstarrt und verarmt durch einseitige Fleischkost ohne Kenntnis der Möglichkeiten, die Gewürze und Gewürzkräuter für die gesamte Küche bieten. Entdeckt man diese neu, dann kann man wieder neutrale Beilagen, wie Buchweizen, Reis oder auch Schrotbreie, wagen. Es heißt hier das Ganze sehen, nicht nur das Detail.

Buchweizen, der für unsere Kranken sehr wertvoll ist, kann für lange Zeit genauso, wie es im Fernen Osten beim Reis erfolgt, tagtäglich als neutrale Beilage zu Gemüse gereicht werden. Er wird dazu nur mit Wasser gekocht. Man gewöhnt sich sogar an diese Gerichte ohne Salz, wenn die Gemüsesorten herzhaft zubereitet werden. Buchweizen kann wie Kartoffelklöße gereicht werden, immer dezent und ziemlich neutral abgeschmeckt. Andererseits bieten die sehr schönen, nach russischen Vorbildern gestalteten, stark gewürzten Variationen des Buchweizens oder der Reisgerichte (bitte nur Vollkornreis verwenden) und aus dem Fernen Osten auch interessante Möglichkeiten, dem Kranken oder auch dem Gesunden natürliche, wertvolle Nahrung in neuer, ansprechender Form zu bieten.

Buchweizenbrei-Standardrezept

*1 Tasse Buchweizen * 3 Tassen Wasser*
(als Buchweizen kann man die ganzen Körner
oder die feiner geschrotete Grütze verwenden)

Man gibt den Buchweizen in das kalte Wasser und lässt bei sehr kleiner Flamme (elektr. Platte Nr. 2) 1 Std. lang quellen. Diese Standardmischung lässt sich vielseitig verwenden. Als Einlage zu Gemüsebrühen oder in Kombination mit Milch oder Buttermilch zu Suppen, oder mit Gewürzen zu Füllungen, oder in Verbindung mit Johannisbeeren usw. als rote Grütze, siehe dazu spezielle Rezepte.

Buchweizengrütze Kasha

*1 Tasse Buchweizen * 1 Tasse Wasser*
*100 g Oleolux * ½ Teelöffel Kräutersalz*
*2 Tropfen Tabasco * 1 Esslöffel Shoyu*

Das Wasser bringt man in einem Topf zum Kochen. Auf einer zweiten Feuerstelle wird eine Stielpfanne erwärmt, dann gibt man das Oleolux hinein zum Schmelzen und sofort anschließend den Buchweizen, am besten in der groben Form. Zuletzt überstreut man den Buchweizen mit dem Kräutersalz. Nun lässt man unter ständigem Umrühren mit einem Holzlöffel den Buchweizen kurz anrösten, keinesfalls länger als 30 Sekunden und gibt den Buchweizen in das bereitstehende kochende Wasser. Dieser Topf wird nun sofort von der Feuerstelle entfernt, oder man schaltet die elektr. Kochplatte ab. Dieser Buchweizen quillt etwas nach, nimmt das gesamte Wasser auf und bleibt nun bis zum Servieren sehr schön körnig. Zuletzt bespritzt man mit Shoyu und Tabasco.

Buchweizen, körnig

1 Tasse Buchweizen
½ Tasse Oleolux
2 Tassen Wasser
Kräutersalz

In einer Stielpfanne, die am besten (wie bei der Fissler Bratfixpfanne vorgeschrieben) zuerst leer erhitzt wurde, bringt man 125 g Oleolux zum Schmelzen und fügt dann sofort, noch bevor das Fett erhitzt wird, die trockene Buchweizengrütze hinein oder auch den ganzen grobkörnigen Buchweizen. Nun wird kurz, höchstens 3 Min. lang, erwärmt. Das gesamte Fett wird vom Buchweizen aufgenommen. Nun gibt man diesen Buchweizen in das bereitgehaltene, kochende Wasser und rührt dabei gut um. Das gesamte Wasser wird nun von dem Buchweizen aufgesogen. Bei sehr kleiner Flamme oder Hitzezufuhr lässt man noch 15–30 Min. nachquellen, je nachdem, ob man Buchweizengrütze oder ganzen Buchweizen benutzte.

Diese körnige Form des Buchweizens, der mit wenig Salz gewürzt schon sehr schmackhaft ist, wird wesentlich lieber genossen als der Brei, und zwar sowohl als Beilage zu Gemüse als auch in Verbindung mit rohem Apfelmus, zubereitet wie Apfelmuß roh.

Buchweizengrütze als Suppe

*1 Tasse Buchweizengrütze * 3 Tassen Wasser*
Gemüsebrühe jeglicher Art, besonders Pilzbrühe
von 250 g frischen Champignons im Winter
und 500 g Pilzen m Sommer
*Salz und Shoyu * Hefeflocken oder Hefeextrakt*
125 g Oleolux

1 Tasse Buchweizengrütze wird mit 3 Tassen Wasser auf sehr kleiner Flamme (elektr. Platte Nr. 2) 1 Std. lang gar gequollen. Durch Zugabe der verschiedensten Gemüsebrühen von Lauch, Spinat, grünen Bohnen, Sellerie oder einer Gemüsemischung wird der Buchweizen zu einer nicht zu dünnen Suppe verdünnt. Man schmeckt nun ab, bei der angegebenen Menge mit 2 Esslöffeln Shoyu und/oder 1 Esslöffel Hefeflocken, ½ Teelöffel rotem Paprika und gibt zuletzt das Oleolux hinzu.

Durch Verrühren, evtl. durch Zugabe von Hefeflocken muss das Fett gebunden sein, so dass es nicht auf der Suppe schwimmt. Diese Buchweizengrützesuppe ist ausgezeichnet bekömmlich für die Kranken. Sie soll abends als einziges Gericht gegeben werden und muss daher täglich anders abgeschmeckt werden, durch Auswechseln der Gemüsebrühen und der Gewürze.

Buchweizen, würzig, mit Kokosraspeln

*2 Tassen Buchweizengrütze * 2 Tassen Wasser*
*1 Tasse Kokosraspeln * 100 g Oleolux und ½ Teelöffel Curry*
*½ Teelöffel weißer Pfeffer * ¼ Teelöffel schwarzer Pfeffer*
*¼ Teelöffel roter Pfeffer * 1 Zwiebel*
5 Knoblauchzehen und 2 Esslöffel Shoyu

Zunächst bereitet man in einem Mixer die Kokosmilch. 1 Tasse mit Kokosraspeln (am besten in Cellophan verpackt, da sie sonst häufig ranzig sind) oder das Fleisch von der frischen Kokosnuss werden im Mixer mit 2 Tassen Wasser gut gemischt. Anschließend bringt man in der gut vorgeheizten Pfanne das Oleolux zum Schmelzen und fügt die Hälfte der Knoblauchzehen, die man fein schneidet sowie die fein geschnittene Zwiebel hinzu. Anschließend gibt man die Gewürze in das Fett, zum Schluss. 2 Esslöffel Shoyu und die zweite Hälfte der nun zerdrückten Knoblauchzehen. Nun wird die Buchweizengrütze in dieses Fett gegeben. Mit einem Holzlöffel verrührt man alles gut etwa ½ Min. lang, je nach Menge der Buchweizengrütze. Die grobe Buchweizengrütze kann man auch bis zu einer Minute anrösten. Nun gibt man die bereitstehende Kokosmilch zu dem Buchweizen, verrührt gut und lässt bei sehr kleiner Temperatur, bei abgeschalteter elektrischer Platte die Buchweizengrütze kurze Zeit nachquellen. Diese würzige Buchweizenzubereitung ist sehr beliebt als Beilage zu Gemüse oder zu Salat.

Rote Grütze aus Buchweizen

*1 Tasse Buchweizengrütze * 3 Tassen Wasser*
*1 Teelöffel Honig * 1 Tasse schwarze Johannisbeeren*
1 Tasse rote Johannisbeeren

Die Buchweizengrütze wird, wie unter Nr. 78 angegeben, durch Quellen in Wasser bei geringer Hitzezufuhr zu einem festen Brei gegart. Man gibt nun in diesen heißen Brei die rohen Beeren, vermischt gut, gibt in ein mit kaltem Wasser gekühltes Gefäß, z. B. in eine Tasse oder in ein Porzellanschüsselchen, und stellt kalt. Diese mit den Beeren durchsetzte Grütze schmeckt ausgezeichnet als rote Grütze.

Variationen: An Stelle von Wasser kann man auch eine Mischung aus Traubensaft und Johannisbeermuttersaft verwenden.

Beilage: Quark-Leinöl-Cremes, wie unter Nr. 1–15 oder unter Desserts beschrieben, können als Sauce zu dieser roten Grütze gereicht werden. Gut sind die Kombinationen mit Vanille oder mit Wein oder Kirschwasser oder Zwetschgenwasser oder auch mit Wodka verwendbar.

Tomatenreis, Indischer Art 1

*2 Tassen Vollreis * 4 Tassen Wasser*
*1 Tasse Kokosraspeln * 1 große Zwiebel*
*5 Spritzer Tabasco * 1 Messerspitze schwarzer Pfeffer*
*1 Messerspitze roter Pfeffer * 500 g Tomaten*
*1 Esslöffel Curry * 3 Esslöffel Oleolux*
*3 Esslöffel Leinöl * 1 Esslöffel Kürbiskernöl * Salz*

Den Vollreis bringt man zusammen mit dem Wasser bei wenig Wärmezufuhr bis zum gelinden Aufwallen und reduziert nun die Wärmezufuhr, so dass der Reis mehr durch Quellen als durch Kochen gart. Nachdem der Reis noch schön körnig, aber fast gar ist, fügt man die Kokosraspeln, die fein gewürfelten Zwiebeln, Pfeffer, klein geschnittene Tomaten und den Curry in den Reistopf und lässt höchstens 5–10 Min. weiterkochen. Erst kurz vor dem Servieren gibt man in den heißen Reistopf Oleolux und Öl hinzu, verrührt gut und serviert.

Tomatenreis, Indischer Art 2

wie Indischer Art 1 und 250 g Emmentaler Käse oder Goudakäse oder Kräuterkäse

Tomatenreis wird wie bei Indischer Art 1 zubereitet. Zum Schluss bestreut man mit 250 g geriebenem Emmentaler Käse oder altem Goudakäse. Verwendet man Kräuterkäse zum Bestreuen, so ist es empfehlenswert, die Menge Käse auf etwa die Hälfte zu reduzieren, also etwa 125 g zu verwenden.

Tomatenreis, Indischer Art 3

wie bei Indischer Art 1 und 125 g Kokosraspeln

Der Tomatenreis wird wie bei Indischer Art1 zubereitet. Zum Schluss bestreut man das Reisgericht in der Schüssel mit 125 g Kokosraspeln.

Dalmatinischer Reis

*1 Tasse Reis * 1 Tasse Wasser*
*2 Knoblauchzehen * 2 Esslöffel Oleolux*
*½ Teelöffel Kräutersalz * 1 Teelöffel Paprika*
½ Teelöffel Pfeffer

In einer Stielpfanne bringt man das Oleolux zum Schmelzen, gibt sofort die Knoblauchzehe hinein sowie Salz, Pfeffer, Paprika und anschl. den Vollreis. Unter ständigem Umrühren mit einem Holzlöffel wird der Reis höchstens ½ Min. lang erhitzt. Nun gibt man diesen Reis in etwa 2 Tassen bereitstehendes kochendes Wasser. In wenigen Minuten ist der Reis schon gut gegart, so dass man die elektrische Platte abstellen kann und den Reis noch nachquellen lässt.

Dieser dalmatinische Reis kann ohne weiteres mit Wasser zur Suppe verdünnt werden. In diesem Fall ist die Zugabe von 2–3 Esslöffeln Milch zur Abrundung des Geschmacks zweckmäßig.

Reis süß

*1 Tasse Reis * 1 Tasse Milch*
*2 Tassen Wasser * 1 Esslöffel Honig*
*3 Esslöffel Oleolux * 50 g Haselnüsse*

Der Reis wird in dem Wasser bei sehr kleiner Flamme gar gekocht. Erst zuletzt fügt man den Honig hinzu. Wenn der Reis gar ist gibt man in eine Stielpfanne Oleolux, erwärmt bis zum Schmelzen, gibt fein geraspelte oder gemahlene Haselnüsse in das Fett, erwärmt, während man ständig mit einem Holzlöffel verrührt und gibt sofort den gegarten Reis in die Stielpfanne. Wenn der Reis nun zu trocken wird, gibt man nach und nach noch eine Tasse Milch, je nach Belieben, hinzu. Diese Zubereitung kann als Milchsuppe oder auch als trockener Reis serviert werden.

Sauerkrautsuppe, Russische Art

*250 g Sauerkraut * ½ l Wasser*
*1 Teelöffel Kümmel, ganz * ½ Teelöffel Kümmel, gemahlen*
*250 g Buchweizen, ganz * 1 Teelöffel Paprika*
*½ Teelöffel Kräutersalz * 125 g Oleolux*

Man bringt das Wasser zum Kochen und gibt in das sprudelnde Wasser das kurz geschnittene Sauerkraut. Sofort anschließend (ohne allzu langes Zerkochen des Sauerkrauts) gibt man in eine vorgeheizte Stielpfanne das Fett, Paprika, Salz, den Kümmel und in das geschmolzene Fett den ganzen Buchweizen. Man röstet diesen wenige Sekunden an und gibt nun den Buchweizen mit dem Fett und den Gewürzen in das sprudelnde Wasser des kochenden Sauerkrauts.

Je nachdem, wie viel Wasser verkocht ist, gibt man so viel Wasser nach, dass eine Suppe entsteht. Nun sollte sehr bald serviert werden, damit der Buchweizen noch kross ist. Er sollte aber gut gegart sein. Diese Suppe nach russischem Rezept ist auch für unseren Gaumen sehr viel angenehmer als man erwartet. Auch für Schwerkranke erfrischend und gut bekömmlich.

Rumänische Suppe

*125 g Sojamehl * 125 g Vollkornmehl*
*125 g Zwiebeln * 2 Esslöffel Oleolux*
*2 Teelöffel Paprika * ½ Teelöffel Kräutersalz*
*ca. 1 l Wasser * 2 Esslöffel Leinöl*

Aus Sojamehl und Mehl bereitet man durch allmähliche Zugabe von wenig Wasser einen gleichmäßigen, aber festen Teig. In einer vorgewärmten, ziemlich hohen Pfanne bringt man das Oleolux zum Schmelzen, gibt die Zwiebel in das Fett und reibt nun unter gutem Umrühren in der Pfanne den gesamten Teig in Form von Reibe-Bröseln in die Pfanne. Nach kurzem Anrösten gibt man ½ l Wasser hinein, 1 Teelöffel Paprika und das Salz und lässt nur kurz aufwallen, damit die Brösel ein wenig garen, aber nicht zerkochen.

Je nach Bedarf kann man die Suppe noch ein wenig mit Wasser verdünnen oder auch als ziemlich dicke und stark gewürzte Suppe servieren. Für Kranke sehr geeignet.

Linsensuppe

*250 g Linsen * 2 mittelgroße Kartoffeln*
*1 Stange Lauch * 1 Teelöffel Paprika*
*1 Messerspitze roten Pfeffer * 125 g Oleolux*

Die Linsen werden wie üblich gewaschen, in kaltem Wasser aufgesetzt und bei kleiner Hitzezufuhr gar gekocht. Dann gibt man noch die gewaschenen, geschälten, klein zerteilten Kartoffeln hinein, ebenso eine Stange Lauchgemüse, die in 3 oder 4 Stücke zerkleinert wurde. Zum Schluss schmeckt man ab mit Oleolux, Paprika, Pfeffer, evtl. mit einem Stückchen Hefeextrakt. Man kann weitere Geschmacksvariationen dadurch erwirken, dass man Zwiebel oder Zwiebel und Knoblauchzehen zerkleinert, mit Oleolux anbräunt, aber nur bis zur beginnenden Bräunung, und diese Mischung zuletzt vor dem Anrichten über die Linsensuppe gibt.

So einfach diese Kochvorschrift aussieht, so wichtig ist sie andererseits. Die Erfahrung hat gezeigt, dass sehr viele Hausfrauen keinen Geschmack an die einfachsten Gerichte bekommen, wenn man Fleisch, die üblichen Würstchen oder Speck ausschaltet.

Erbsen- und Bohnensuppe

wie bei der Linsensuppe,
jedoch mit anderen Hülsenfrüchten

Entsprechend den Anweisungen bei der Linsensuppe. Bei beiden Gerichten sind ausgezeichnete Geschmacksvariationen möglich, auch ohne Fleisch, Wurst oder Speck zu verwenden.

Zur Erbsensuppe wird auch die Anwendung von Hefeextrakt empfohlen.

Zu den weißen Bohnen ist die Verwendung von viel Rosenpaprika und rotem Pfeffer günstig.

Mazedonische Kartoffelsuppe

*500 g Kartoffeln * 500 g Zwiebeln*
*1 Tasse Milch * 125g Oleolux*
*1 Teelöffel Pfeffer * ½ Teelöffel Kräutersalz*

Die geschälten Kartoffeln werden zusammen mit den nur grob zerteilten Zwiebeln gekocht, wobei das Kochwasser Kartoffeln und Zwiebeln nur eben bedecken soll. Wenn man nicht im Dampftopf

kocht, benötigt man zum Garen der Kartoffeln wie üblich 20 Min. Anschließend gießt man das Kochwasser in ein zweites Gefäß und zerdrückt Kartoffeln und Zwiebeln möglichst fein. Nun füllt man das Kochwasser wieder hinzu, gibt einen Teelöffel Pfeffer hinein, das Oleolux, 1 Tasse Milch, verrührt alles gut und serviert diese Kartoffelsuppe.

Nach Belieben kann man natürlich auch mit Petersilie bestreuen. Aber auch der Eigengeschmack dieser Kartoffelsuppe ist gut ohne Zusatz von Kräutern.

Maritza-Suppe

*3 Karotten und 3 Petersilienwurzeln * 1 Stange Porree und 2 rohe Kartoffeln * 1 kleine Knolle Sellerie * ½ Zitrone und ½ Tasse Leinöl * 2 Esslöffel Oleolux und 100 g Petersilie*

Karotten, Petersilienwurzel und Sellerie sowie die Kartoffeln werden nach dem Schälen fein gestiftelt oder grob geraffelt. Die Stange Porree wird in feine Scheibchen geschnitten. In der vorgewärmten ziemlich hohen Stielpfanne wird das Oleolux zum Schmelzen gebracht. In das geschmolzene Fett gibt man das gesamte Gemüse und die gestiftelten Kartoffeln sowie Kräutersalz, eine Prise Pfeffer und erhitzt kurze Zeit (höchstens ½ Min.). Dann gibt man die halbe Tasse Leinöl zu diesem Gemüse, füllt mit einem halben l Wasser auf und bestreut zum Schluss mit der fein gewiegten Petersilie, beträufelt mit Zitronensaft und serviert sehr bald als ziemlich dicke Suppe. Die Gemüsesorten sollten nicht zu sehr zerkocht sein, da Gemüse und Kartoffeln in dem heißen Fett genügend gegart wurden und dann nach Zugabe des Wassers ausreichend weich sind. Wichtig ist dabei, dass speziell die rohen Kartoffeln nicht zu grob gestiftelt sind, sondern besser mit der großen Raffel zerkleinert wurden. Die Suppe ist ausgezeichnet, gut bekömmlich und fördert die Wasserausleitung, die bei vielen Kranken so wichtig ist.

Kartoffeln

*500 g Kartoffeln * 100 g Mandeln*
*1 Tasse Milch * evtl. 2 Esslöffel Oleolux*
100 g Petersilie

Kartoffeln sollen grundsätzlich in der Schale gekocht werden. Man kann sie ein wenig verfeinern, wenn man sie in Oleolux, mit viel Petersilie fein gewiegt, schwenkt.

Eine andere schöne Kombination ist folgende: Die gekochten, von der Schale befreiten, heißen Kartoffeln werden kurz vor dem Servieren in einer Mandelmilch geschwenkt. Diese wird zubereitet, indem man eine Tasse Milch mit den Mandeln im Mixer fein püriert. Hat man zuviel Flüssigkeit, so lässt man diese bei schwacher Wärmezufuhr verdampfen.

Kartoffeln mit Knoblauch

*500 g gekochte Kartoffeln * 125 g Oleolux*
*3 Knoblauchzehen * ½ Teelöffel Kräutersalz*
2 Esslöffel Milch oder Dosenmilch

Die in der Schale gekochten Kartoffeln werden geschält und in kleine Stücke zerschnitten. In einer Stielpfanne, die vorgewärmt wurde, bringt man 125 g Oleolux zum Schmelzen und gibt dann die zerdrückten Knoblauchzehen in das warme Fett. Es darf nur sehr kurz, nicht über die helle Bräunung des Knoblauchs hinaus erhitzt werden. Sofort gibt man dann die vorher zerkleinerten Kartoffeln in dieses Fett, schmeckt mit Kräutersalz ab, vermischt gut und fügt zum Schluss, in die gut heiße Masse, 2 Esslöffel Milch hinzu. Nach gutem Verrühren sollte möglichst bald serviert werden.

Diese herzhafte Beilage ist ausgezeichnet zu einem Gemüse, welches nicht zu stark gewürzt ist, z. B. zu Fenchel, Gurkengemüse, schwach gewürztem Spinat usw. Auch zu Salaten ist diese Kartoffelbeilage gut geeignet.

Gemüse

Bei der Auswahl achte man darauf, nur frische, gut aussehende Ware zu kaufen. Wenn möglich, sollte man biologisch gedüngtes Gemüse der künstlich getriebenen Ware vorziehen.

Gemüse sollte man nicht zu sehr zerkochen. Viele Gemüsesorten werden sehr schnell weich, so dass man sie gut kauen kann, ihr Aroma jedoch und auch viele Werte erhalten sind. Bei zu langem Kochen, wenn man z. B. den Topf gedankenlos auf dem Herd stehen lässt geht viel an Geschmack und Wert der Nahrung verloren. Es muss nicht jedes Gemüse als Brei zubereitet werden. Auch Spinat, Wirsing, Lauch sind geschmacklich besser, wenn sie fast unzerteilt angerichtet werden.

Die einfache alte Kochweise, Gemüse in Wasser zu kochen, ist besser als die „modern" gewordene Methode, „in Öl zu dämpfen". Das Fett wird dabei schädlich und schwer bekömmlich, das Gemüse oft überhitzt. Gegen den Dampfkochtopf ist nichts einzuwenden. Man sollte kurz in diesem Wasserdampf garen. Die gesamte Zubereitung kann nach dem Garkochen erfolgen. In der Servierschüssel kann man geschmolzenes Oleolux, verschiedene Pfeffersorten, eine zerdrückte Knoblauchzehe, gegebenenfalls fein gewiegte Zwiebeln, Schnittlauch, Petersilie, frische Gartenkräuter, wie Majoran, Dill, Estragon, oder einige Blätter

des Maggi-Strauches, sowie Shoyu mischen. Nach Geschmack kann man dann die Schärfe der Gewürze durch Zugabe von einigen Esslöffeln Milch abrunden. In diese Gewürzmischung mit Oleolux gibt man nun das Gemüse, welches man frisch aus dem Dampftopf oder dem Gemüsewasser sofort in die Schüssel füllt und umschwenkt. Nimmt man nun von dem entstehenden, würzigen, fettigen Gemüsesaft einige Esslöffel voll und gibt diese in das verbleibende Gemüsekochwasser, so erhält man eine beliebte Bouillon. Diese lässt sich geschmacklich und gesundheitlich aufwerten durch Zugabe von einigen Esslöffeln mit Hefeflocken. Bestreuen mit geriebenem Käse ist bei der Gemüseschüssel oder auch bei den in Tassen gereichten Gemüsebrühen interessant und ermöglicht verschiedene Variationen.

Für den Kranken ist es besonders wichtig, dass man mehrere Gemüsesorten anbietet oder ein Gemüse wie Brennnessel oder Spinat in zweierlei geschmacklichen Variationen reicht, z. B. einmal mit Muskat, ein anderes Mal mit Hefe abgeschmeckt.

Spinat I

500 g Spinat und 2 Knoblauchzehen
Muskat und schwarzer bzw. weißer Pfeffer
Salz und 4 Esslöffel Oleolux

Man befreit die Spinatblätter beim Waschen nur von den sehr groben Anteilen der Stiele. Etwa in einer Fissler Bratfixpfanne (mit Drahteinsatz) breitet man diese Blätter flach auf diesem Brateinsatz aus. Man gibt eine Tasse Wasser hinein, bedeckt mit einem Deckel und lässt höchstens 10 Min. garen. Das Gemüse darf nicht zu weich sein und soll die grüne Farbe noch gut behalten. In der Zwischenzeit bringt man das Oleolux in einem anderen Gefäß zum Schmelzen, gibt 1–2 zerdrückte Knoblauchzehen hinein und füllt dieses warm gemachte Fett in eine Schüssel. Nun versetzt man mit einer Messerspitze weißem und schwarzem Pfeffer, evtl. auch noch mit rotem Pfeffer, reibt von einer Muskatnuss etwas hinein, gibt ggf. noch ein wenig gepulverte Muskatblüte hinein und vermischt nun den heißen Spinat unzerkleinert mit dieser vorbereiteten Sauce, die mit Salz abgeschmeckt wurde. Die Sauce muss gut würzig sein.

Der Spinat wurde ohne Salz gekocht. In der Schüssel kann man nun mit einem langen Messer 2–3mal den Spinat kreuz und quer zerschneiden. In dieser Form wird nun serviert. Der Kontrast zwischen der herzhaften Sauce und diesem Spinat schmeckt den meisten besser als das feinpürierte Gemüse. Natürlich ist auch die letztere Zubereitung möglich.

Spinat II

*500 g Spinat * 2–3 große Zwiebeln*
*2 Esslöffel Shoyu * 3 Esslöffel Oleolux*
1 Handvoll geriebenen Käse

Der Spinat wird gesäubert und, wie unter 1 beschrieben, auf dem Drahtsieb, ohne Zugabe von Salz, nicht zu weich, aber gar gekocht. Während des Kochens legt man die nur grob geschnittenen Zwiebeln schichtweise über das Spinatgemüse, gibt dann Shoyu darüber und lässt noch ein paar Minuten zugedeckt gar kochen. Mit einem breiten Pfannenmesser klappt man die Gemüselage so zu einem Halbmond übereinander, dass die Zwiebellage sich in der Mitte befindet.

Man arrangiert nun dieses Gemüse auf einer länglichen Platte schön an und bestreut mit einer Handvoll geriebenem Käse. Zuletzt übergießt man mit dem vorsichtig geschmolzenen Oleolux. Das Gemüsewasser wird mit etwas Salz, Hefeflocken oder Hefe-Extrakt und mit Shoyu abgeschmeckt, als Trinkbrühe gereicht. Natürlich mit ein wenig Oleolux abschmecken.

Spinat, zweierlei Art

500 g Spinat
1 Teelöffel Kräutersalz
2 Esslöffel Shoyu
1 Esslöffel Hefeflocken
etwas Muskat
2 Esslöffel Oleolux

Der gesäuberte Spinat wird mit wenig Wasser gedämpft und aus dem Kochwasser herausgenommen, püriert oder fein gewiegt. Man teilt den Spinat nun in zwei Hälften. Zur einen Hälfte gibt man 2 Esslöffel Shoyu, reichlich Muskatnuss, gepulvert oder frisch von der Nuss gerieben, und 1 Esslöffel Oleolux, verrührt gut und serviert.

Die andere Hälfte des Spinats wird mit dem Kräutersalz und mit der Hefe versetzt. Beides, nebeneinander serviert ist für den Kranken appetitanregend und wird als sehr angenehm empfunden, z. B. in Verbindung mit Buchweizen.

Klare Gewürzbrühen

Gemüsebrühen jeglicher Art
5 Knoblauchzehen und 75 g Oleolux
½ Teelöffel Kräutersalz und 1 Esslöffel Petersilie
2 Esslöffel Hefeflocken und 1 Prise weißer Pfeffer
*1 Prise roter Paprika und 1 Esslöffel Shoyu * 1 Teelöffel Majoran*

In einer Kasserolle wird das Fett in das vorgeheizte Gefäß gegeben und zum Schmelzen gebracht. Anschließend gibt man die zerdrückten Knoblauchzehen in das warme Fett und gibt sofort Salz, Pfeffer, Paprika und auch die Hefeflocken unter Umrühren in das flüssige Fett. Man füllt je nach Geschmack mit Gemüsewasser von gekochtem Gemüse auf. Gut geeignet ist das Spinatwasser, das Wasser von grünen Bohnen, aber auch von anderen Gemüsesorten. Nun gibt man den Majoran hinzu, lässt kurz aufwallen und serviert in Suppentassen als klare Brühe vor dem Essen. Wird der herzhafte Geschmack nicht so sehr geliebt, so kann man zur Abwechslung mit 1–2 Esslöffeln Dosenmilch den Geschmack verfeinern. Diese Brühe kann auch zu Suppen benützt werden, bei welchen man:

a) körnig gekochten Buchweizen Kasha oder Buchweizen körnig als Einlage in die Brühe gibt,
b) gut gegarten Reis als Einlage benutzt,
c) mit kleinen Nudeln oder anderen Einlagen diese Brühe zur Suppe geeignet macht.
d) Vorzüglich sind als Einlage Leinsaatklößchen

Rosenkohl mit Majoran

500 g Rosenkohl
2 Esslöffel Shoyu
1 Esslöffel Majoran
2 Esslöffel Oleolux

Die geputzten und zerkleinerten Rosenköhlchen werden in kochendes Wasser gegeben und kurze Zeit gegart (10 Minuten genügen). Man gießt das Wasser ab und gibt nun Oleolux, Majoran und Shoyu in den heißen Topf und schwenkt kräftig um und serviert sofort.

Diese Zubereitung ist besonders schmackhaft, weil die von außen sehr herzhaft abgeschmeckten Rosenköhlchen, im Innern ohne Salz zubereitet, eine besonders interessante Beilage zur Gemüseplatte darstellen.

Rosenkohl mit Pfeffer

*500 g Rosenkohl * 125 g Oleolux*
*2 Esslöffel Shoyu * Hefe-Extrakt*
1 Prise weißer Pfeffer
1 Prise roter Pfeffer

Der Rosenkohl wird wie üblich gesäubert und ganz oder halbiert mit wenig Wasser oder im Dampftopf gar gekocht. Nach Entfernen des Kochwassers wird mit Oleolux, Shoyu und Hefe-Extrakt gut vermischt, mit Pfeffer, gegebenenfalls noch etwas Kräutersalz abgeschmeckt.

Die Kombination Rosenkohl mit Oleolux ist besonders gut, weil das Oleolux das Eigenaroma der Gemüsesorten besonders gut zur Entfaltung bringt.

Artischocken mit Knoblauchsauce

3 Artischocken und 6 Knoblauchzehen
¼ l Leinöl und Saft einer Zitrone
Salz und Pfefferschoten evtl. in Verbindung mit
125 g Quark und 3 Esslöffel Milch

Die Artischocken werden von den harten Anteilen des Stieles und der Blattspitzen befreit. Anschließend kocht man sie im Salzwasser bis sich die äußeren Blätter durch leichtes Abziehen lösen lassen. Man nimmt die Artischocken aus dem Salzwasser und trägt sie auf einer Schale auf. Für die abfallenden Blätter bzw. Blattteile gibt man kleine Schälchen. Während die Artischocken kochen, bereitet man kalt und auf einfachem Wege die folgende Sauce zu: Die Knoblauchzehen werden mittels einer Knoblauchpresse zerdrückt und in das Öl gegeben. Sodann fügt man den Saft einer Zitrone und etwas Salz zu. Diese Öl-Sauce kann bereits in dieser Form zum Bestreichen der Artischockenblätter vor dem Abnagen verwendet und in Verbindung mit dem Artischockenboden gegessen werden. Eine sehr schöne Kombination ist die folgende: Man gibt in diese Knoblauch-Öl-Tunke 125 g Quark, 3 Esslöffel Milch und verrührt alles. In dieser Form ist diese Knoblauchzugabe sehr angenehm mit Artischocken-Blättern und Artischocken-Böden.

In Verbindung mit den Artischocken kann man zu der vorstehend beschriebenen Sauce auch verschiedene gekochte Gemüse, die nur in Salzwasser gekocht wurden, reichen, z.B. Bohnen, Karotten, Sellerie in Würfel geschnitten, Pfefferschoten oder Spargel.

Artischocken mit Quark-Leinöl-Mayonnaise

5 Artischocken und 250 g Quark
150 g Leinöl und 75 g Milch
1 Esslöffel Senf und 3 Gewürzgurken
Salz, 1 Esslöffel Petersilie oder Schnittlauch oder Majoran

Die Artischocken werden nach dem Entfernen der harten Anteile am Stiel und an den Blattspitzen in Salzwasser gekocht. Man kann auch eine Knoblauchzehe in diesem Wasser mitkochen. Während die Artischocken kochen, bis man ein äußeres Blatt sehr leicht abnehmen kann, bereitet man die folgende Mayonnaise:

In einem Mixgerät mischt man Leinöl, Milch, Senf, Salz, Quark und gibt zuletzt die sauren Gurken in den Mixer, püriert alles sehr fein und gibt zum Schluß Petersilie oder Schnittlauch zu dieser Mayonnaise. Die Petersilie kann man in der Mayonnaise einfach mitpürieren. Den Schnittlauch gibt man besser feingeschnitten zum Schluß hinzu. Man serviert nun diese Mayonnaise als Sauce zu den kochend heiß aufgetragenen Artischocken. Mit jedem Blatt das man ablöst, kann man ein wenig Mayonnaise nehmen und dies zusammen essen. Am besten ist natürlich der Schluß, der Artischockenboden, der reichlich mit dieser Mayonnaise überschichtet gegessen wird. Dies ist ein Gericht welches wegen der sehr günstigen Wirkung auf Leber und Fettstoffwechsel eine ausgezeichnete Krankenkost darstellt.

Leinsaatklößchen als Suppeneinlage

1 Tasse Leinsaat
1 Tasse klare Gewürzbrühe

In einen Mixer gibt man die ganze, unzerkleinerte Leinsaat, jedoch bester Qualität! Von der klaren Gewürzbrühe nimmt man eine Tasse mit der nicht ganz verdünnten, noch ziemlich konzentrierten Brühe, zu der man vielleicht nur ½ l des Gemüsewassers zu den Gewürzen gegeben hat. Diese stark würzige Brühe gibt man in das Mixgerät. Mit einem guten Mixer wird die gesamte Leinsaat zu einer homogenen Masse geschlagen und in eine Tasse gefüllt. Man stellt diese Leinsaatzubereitung kalt.

Nach etwa einer halben Stunde lässt sich diese Masse wie Eierstich abtrennen und in kleinen Anteilen, von der Größe der Markklößchen, in die heiße Brühe geben. Diese klare Gewürzbrühe mit Leinsamenklößchen ist bei Kranken sehr beliebt, äußerst gut bekömmlich und appetitanregend.

Schwarzwurzeln mit Mayonnaise

*500 g Schwarzwurzeln * etwas Zitronensaft*
*100 g Quark * 3 Esslöffel Leinöl und 3 Esslöffel Milch*
Salz und Ingwer

Die Schwarzwurzeln werden mit kochendem Wasser überbrüht. So lassen sich die Schalen mit einem kleinen Schabemesser leicht entfernen. Die geschälten Schwarzwurzeln legt man sofort in Wasser, welches mit wenig Zitronensaft oder Apfel-Essig versetzt wurde. In kochendem Wasser oder in einem Etagen-Dampftopf, in welchem sich aber auch in dem Kochwasser unten etwas Essig befindet, werden die Schwarzwurzeln gar gekocht. Man serviert nun, ohne eine Sauce zu bereiten, die gut heißen Stangen zusammen mit der folgenden Mayonnaise:

Quark-Leinöl und Zitronensaft werden im Mixer gut gemischt, während man zuerst Milch mit Leinöl und Quark verrührt und dann erst Zitronensaft hinzufügt. Zum Schluss gibt man eine gute Messerspitze Ingwer und ein wenig Salz zu dieser Mayonnaise. Man füllt in vorgewärmte Gefäße und serviert mit den heißen Schwarzwurzeln.

Sauerkraut mit Paprikaschoten

Zwei schöne Paprikafrüchte, grün oder rot
*250 g Sauerkraut * 4 gehäufte Esslöffel Hefeflocken*
*125 g Oleolux * 4 Esslöffel Kürbiskernöl*
*etwas Salz * 1 Esslöffel Shoyu*

Die Paprikaschoten werden vom Stiel und von Samen befreit, geviertelt und noch einmal quer halbiert. In einer Bratpfanne, die leer vorgewärmt wurde, bringt man Oleolux zum Schmelzen, fügt sofort die Paprikastücke in die Pfanne, bedeckt alles mit der Lage Sauerkraut und lässt es nur heiß werden. Anschließend überstreut man mit 4 Esslöffeln Hefeflocken. Das Kürbiskern-Öl gibt man während des Erwärmens nach und nach in die Pfanne, damit das Oleolux nicht überhitzt wird.

Mit einem breiten Pfannenmesser wird die gesamte Mischung nur derart zusammengeklappt, dass die Schichten noch relativ gut erhalten bleiben. Man bespritzt mit einigen Spritzern Shoyu und serviert heiß zu Kartoffeln oder Reis oder Buchweizen. Dieses Gericht kann auch ohne diese Beilagen wegen des hohen Gehaltes an Hefeflocken sehr gut gegessen werden.

Sauerkraut, einfache Art

*125 g Oleolux * 1 Esslöffel Kürbiskernöl*
*250 g Sauerkraut * 1 Zwiebel*
*Hefe-Extrakt * Kräutersalz*

In einer Stielpfanne, die vorher erwärmt wurde, bringt man Oleolux zum Schmelzen und erhitzt mit Zwiebelringen höchstens bis zur beginnenden Bräunung. Dann gibt man das Sauerkraut sofort in diese Pfanne, vermischt gut, gibt Hefe-Extrakt hinzu und erwärmt, bis das Sauerkraut gut heiß ist. Wenn man will, kann man gut mit einem Messer das Kraut ein wenig zerkleinern. Auf der Herdplatte stehend, wird mit einem Esslöffel Kürbiskernöl vermengt. Man kann auch einige Zwiebelringe zum Schluss zum Garnieren benutzen. Als Beilage zu Kartoffelbrei.

Spargel mit Mayonnaise, heiß oder kalt

Für 4 Personen

*1 kg Spargel und 150 g Leinöl * 75 g Milch und 250 g Quark*
5 saure Gurken und 1 Teelöffel Senf
½ Banane und Salz

Der Spargel wird wie üblich geschält, mit einem Zwirnfaden gebündelt und in das gut kochende, schwach gesalzene Wasser gegeben. Während der Spargel kocht, bereitet man im Mixer die folgende Mayonnaise: Leinöl, Milch, Senf und eine Prise Salz werden zuerst gut gemixt, dann gibt man nach und nach den Quark in den Mixer, vermischt gut und gleichmäßig und gibt in diese Mischung zuletzt höchstens eine halbe Banane hinzu und vermischt. Diese Sauce wird zu dem heißen Spargel serviert. Man fasst den Spargel am unteren Ende mit den Händen an, zieht die Spitzen durch die Mayonnaise und isst den Spargel heiß. Der Geschmack ist ausgezeichnet. Auf diese Weise wird außerdem aus dem Spargelgericht eine gut sättigende Mahlzeit. Dieses Gericht ist sehr zu empfehlen bei erschwerter Wasserausscheidung!

Grünkohl

*500 g Grünkohl * 3 Knoblauchzehen,*
*125 g Oleolux * 1 kleine Zwiebel und Muskatnuss*
1 Esslöffel Dosenmilch und 1 Esslöffel Shoyu
schwarzen, weißen und roten Pfeffer, je eine Messerspitze voll

Der Grünkohl wird gewaschen, von den Strunken befreit und im Etagen-Dampftopf gut weich gekocht (15 Minuten genügen). Inzwischen wurde in einer Stielpfanne, die leer vorgeheizt wurde, das Oleolux zum Schmelzen gebracht. Sofort gibt man die klein geschnittene Zwiebel hinein und die mit der Knoblauchpresse klein zerdrückten Knoblauchzehen. Man erwärmt nur, bis die Zwiebeln glasig werden. Auch der Knoblauch darf nicht über eine helle Bräunung hinaus, sondern nur bis zur „beginnenden Bräunung" erwärmt werden. Dieses Fett gibt man sofort in eine vorgewärmte Porzellanschüssel, in welcher man nun reichlich von den drei genannten Pfeffersorten mit dem heißen Fett vermischt.

Dann gibt man 1 Esslöffel Shoyu hinein und vermischt das kochend heiße Gemüse in der Anrichte-Schüssel mit diesem Gewürzfett. Der Grünkohl wird nur mit dem Messer ein wenig zerschnitten, nicht aber durch den Wolf gedreht. In dieser Form schmeckt der Grünkohl besser als in Verbindung mit einer Bratwurst.

Porree als Gemüse

Für 4 Personen
5–6 Stangen Lauch mittlerer Größe
*3 Esslöffel Oleolux * 3 Esslöffel Shoyu*

Die Lauchstangen werden von welken Anteilen befreit und oberhalb der weiß-gelben Zone halbiert und gründlich gewaschen, evtl. durch geringes Aufschlitzen am oberen Ende der festen Stange. In einem Glasgefäß legt man den Boden mit den grünen Blättern aus und schichtet darüber der Länge nach die zarteren weiß-gelben Anteile. Man bedeckt mit Wasser und kocht gar ohne Zusatz von Salz. Wenn das Wasser fast vollständig verdampft ist (ggf. muss man die Brühe abgießen), gibt man über das Gemüse Oleolux und Shoyu und serviert sofort.

Die Brühe ist ausgezeichnet als Trinkbrühe, wenn man sie mit Pap-rika, Oleolux und Shoyu abschmeckt. Bei Verwendung von reichlich Fett, wenn dies bei einem Kranken angebracht ist, sollte man das Fett durch Zugabe von einem Esslöffel Hefeflocken binden, so dass es nicht sichtbar ist. Die Zugabe von Eiweiß in Form der Hefeflocken ist von hohem gesundheitlichen Wert und nicht nur als Geschmackskorrigens gedacht.

Grüne Bohnen

*500 g grüne Bohnen * 3 Esslöffel Oleolux*
*1 Knoblauchzehe * Bohnenkraut*
*1 Esslöffel Shoyu * ½ Teelöffel Kräutersalz*

Die Bohnen werden gesäubert, von den Fäden befreit und in Stücke zerbrochen. Mit wenig Wasser im Dampfbad werden sie zusammen mit einem Sträußchen Bohnenkraut (evtl. auch in getrockneter Form) und einer ganzen Knoblauchzehe gar gekocht. Man bereitet nun in der Schüssel eine Sauce aus geschmolzenem Oleolux, einer zerdrückten Knoblauchzehe, 1 Esslöffel Shoyu, Salz, evtl. noch mit Paprika, und gibt die gar gekochten Bohnen in diese Sauce, die sich bereits in der Servierschüssel befindet. Man verrührt gut und serviert.

Die im Kochtopf verbliebene Brühe als Trinkbrühe abschmecken, eventuell unter Verwendung von einem Esslöffel der Mischung, die man zum Abschmecken des Gemüses zubereitete, jedoch ist zusätzliche Geschmacksvariation, etwa mit einem Esslöffel Hefeflocken oder durch Hinzugabe von Tomatenmark oder Paprika-Ketchup oder geriebenem Käse, zweckmäßig.

Fenchel als Gemüse

4 Fenchelknollen
1 Handvoll ger. Käse und 4 Esslöffel Oleolux
1 Knoblauchzehe und 1 Esslöffel Shoyu
Info: Man rechnet pro Person 1 Fenchelknolle

Die Fenchelknollen werden von den harten Stielen befreit, der Länge nach halbiert und flach etwa in einem Glasgefäß oder in der Bratpfanne angeordnet. Mit wenig Wasser wird das Gemüse gar gekocht. Man kann etwas Bohnengewürz in die Kochbrühe geben. Während das Gemüse kocht, bringt man in einem Gefäß Oleolux zum Schmelzen, gibt eine zerdrückte Knoblauchzehe hinein, vermischt, vom Feuer genommen, mit 1 Esslöffel Shoyu und gibt diese zubereitete Sauce über die Fenchelknollen, wenn diese gar gekocht sind. Wenn das Wasser nicht vollständig verkocht ist, gießt man es ab und verwendet es anderweitig als Gemüsebrühe.

Nachdem man die schön arrangierten Fenchelknollen mit der Fettsauce übergossen hat, gibt man eine Handvoll geriebenen Käse darüber. Man kann noch einige Minuten im Backofen gratinieren lassen, jedoch nicht zu lange, da durch zu starkes Erhitzen die Bekömmlichkeit sehr beeinträchtigt wird.

Weißkohlgemüse auf indische Art

1 kleiner Weißkohl und 1 Tasse Leinöl
1 Zwiebel und 2 Knoblauchzehen
*Pfefferschoten oder 1 Messerspitze Caps. ann **
1 Teelöffel Curry
1–2 Esslöffel Kokosraspeln und 2 Esslöffel Oleolux

Die vom Strunk befreiten Weißkohlblätter werden fein geschabt und höchstens 10 Min. in Salzwasser schwach aufgekocht. Die fein zerkleinerte Zwiebel, Pfefferschoten oder roter Pfeffer (Caps. ann*) und Curry werden in Oleolux schwach erhitzt, nur bis die Zwiebeln glasig werden. Dann fügt man die Kokosraspeln hinzu und das Leinöl mit der Knoblauchzehe, rührt alles gut mit einem Holzlöffel um und gibt die vom Wasser befreiten, auf einem Sieb abgetropften Weißkohlstreifen in dieses Fett. Nachdem alles gut gemischt ist, wird sofort serviert.

* Caps. ann ist die lateinische Bezeichnung für eine Pfefferart, die zur Familie der Paprikagewächse gehört. Dieser „rote Pfeffer" ist nicht identisch mit dem Gewürz, das bei uns unter dem Namen „Paprika" im Handel ist. Der rote Cayenne-Pfeffer ist medizinisch wertvoller, bedeutend schärfer und ist auch bei uns bekannt und üblich, z. T. in Apotheken erhältlich. Er trägt übrigens außerdem die Bezeichnung „Spanischer Pfeffer", „Indischer Pfeffer" (ist auch in vielen Curry-Sorten enthalten). In indischen Kochbüchern und auch in englischen Rezepten wird er sehr viel unter dem Namen „Chilly" angewandt.

Brennnessel-Gemüse mit Sojasauce

Eine Einkaufstasche voll Brennnesseln
2 Esslöffel Sojamehl und 125 g Oleolux
Salz, Paprika und 1 Knoblauchzehe

Zarte, junge Triebe der Brennnessel oder von größeren Pflanzen die frischeren Spitzen, etwa 10 cm lang ausgebrochen, werden gesammelt, gut gewaschen, evtl. durch Zusatz von etwas Salz zum Waschwasser. Nun gibt man in einen großen Topf soviel Wasser, dass der Boden höchstens 10 cm hoch mit Wasser bedeckt ist, und kocht die Brennnesseln 10–15 Min. gar. In einer Stielpfanne, am besten in einer Bratpfanne, die man vorher erhitzen kann, bringt man das Oleolux zum Schmelzen, gibt sofort eine zerdrückte Knoblauchzehe in das Fett, dann die 2 Esslöffel Sojamehl und löscht sofort, nach gutem Vermischen des Sojamehls mit dem Fett, mit der Brennnesselbrühe ab.

Man lässt diese Sojasauce nur höchstens 1–2 Min. aufwallen, schmeckt während dieser Zeit mit Salz, etwas rotem Paprika, etwas rotem und weißem Pfeffer ab und füllt diese heiße Sauce in die Gemüseschüssel. In diese gibt man die heißen, gar gekochten Brennnesseln, schneidet ggf. noch ein wenig kreuz und quer mit einem Messer das Gemüse klein, vermengt dann mit dieser Sauce und serviert sofort zu Kartoffeln, Buchweizen oder Reis.

Brennnesseln mit Hefeflocken als Gemüse

Eine Einkaufstasche voll Brennnesseln und 4 Esslöffel Hefeflocken
1 Tasse mit Buchweizengrütze und Borretsch
1 Zwiebel und 125 g Oleolux
1 Esslöffel Kürbiskernöl und Shoyu

Die Brennnesseln werden gesammelt, gereinigt und gekocht, mit relativ wenig Wasser. In einem zweiten Gefäß gibt man in das geschmolzene Oleolux eine Tasse voll Buchweizengrütze und verrührt, bis der Buchweizen das Fett aufgesogen hat. Anschließend gibt man diese Buchweizengrütze in einen Topf, in welchem man 2 Tassen Wasser zum Kochen gebracht hat. Die Buchweizengrütze darf erst in das sprudelnd kochende Wasser gegeben werden. Sofort fügt man dann die 4 Esslöffel Hefe hinzu. Die Brennnesselbrühe, in welcher man auch die klein zerschnittene Zwiebel mitgekocht hat, gibt man nun in kleinen Anteilen in den Topf mit der Buchweizengrütze. Man lässt diese 10 Min. quellen, bis sie die gesamte Flüssigkeit aufgesogen hat und vermischt nun zu einem Eintopf die Buchweizengrütze mit den Brennnesseln. Zum Schluss gibt man über die Schüssel das Kürbiskernöl, welches mit einem Esslöffel Shoyu vermengt wurde. Beim Vermischen in der Gemüseschüssel geht man sorgfältig vor, damit nicht ein Brei entsteht, sondern so, dass nebeneinander körniger Buchweizen und Gemüse erhalten bleiben.

Brennnessel-Brühe

Brennnesseln und Hefeflocken
Shoyu, Salz und Paprika
Zum Verfeinern kann 1 Esslöffel Dosenmilch hinzugefügt werden

Zur Verwendung kommen die jungen Triebe der Brennnessel oder während des Sommers bei älteren Pflanzen nur die an der Spitze ausgebrochenen Triebe etwa 5 bis 10 cm lang (braun gewordene Blätter werden nicht mitbenutzt). Man pflückt eine Einkaufstasche fest gestopft voll Brennnesseln. Diese werden sehr gut gewaschen, ggf. - um Ungeziefer zu entfernen - durch Zugabe von etwas Salz. In einem großen Kochtopf von etwa 30 cm Höhe werden die gesamten Brennnesseln, die diesen Topf bis zum oberen Rand füllen, mit so viel Wasser aufgesetzt, dass der Boden 10 cm hoch mit Wasser bedeckt ist. Nun lässt man die Brennnesseln nach Zugabe von einem Teelöffel Kräutersalz gut gar kochen. Mit einem Schaumlöffel kann man die Brennnesseln nun herausnehmen und nach verschiedenen Brennnessel-Rezepten zu Gemüse zubereiten.

Die Brühe dagegen erscheint mir mindestens so wichtig zu sein, vor allen Dingen, wenn man sie nicht so wässrig zubereitet, sondern so konzentriert, wie vorstehend angegeben. Diese Brühe wird nun in der Weise abgeschmeckt, dass man auf ½ l Brühe 3–4 Esslöffel Hefeflocken gibt, ebenfalls 3–4 Esslöffel Oleolux, 1 Esslöffel voll Shoyu und eine Prise Paprika, evtl. 1 Esslöffel Milch. Diese Brühe ist ausgezeichnet, wird von Kranken sehr gerne genommen und hat vielerlei günstige Auswirkungen. Die Wasserausscheidung wird positiv beeinflusst.

Brennnesseln als klares Gemüse

Eine Einkaufstasche Brennnesseln
*1 große Zwiebel und 125 g Oleolux * 2 Esslöffel Shoyu*
*Salz, Pfeffer und Paprika * 5 Esslöffel Dosenmilch*

Die Brennnesseln, gesammelt und zubereitet wie bei der Brennnessel-Brühe, werden nun mit einem Schaumlöffel aus der Brühe genommen, in welcher man zusammen mit den Brennnesseln eine große, nur grob zerschnittene Zwiebel mitgekocht hat. Die Brühe kann, wie bei der Brennnessel-Brühe angegeben, abgeschmeckt und als Vorspeise gereicht werden.

Das Gemüse wird wie folgt zubereitet: In einer vorgewärmten Schüssel wird das heiße, nur grob zerschnittene Gemüse mit 1–2 Esslöffeln Oleolux abgeschmolzen, an-schließend reibt man etwas Muskatnuss hinein, gibt eine Prise Salz und eine Messerspitze weißen und schwarzen Pfeffer hinzu, vermischt alles gut und gibt zum Schluss, ohne zu vermengen, einige Esslöffel Dosenmilch darüber und bestreut in der Mitte mit rotem Paprika. Man muss darauf bedacht sein, dass alles gut heiß serviert wird. Ausgezeichnet als Beilage zu Buchweizen-Rezepten, Kartoffeln oder Reis.

Pilzgericht

*100 g Champignons * 2 Esslöffel Hefeflocken*
*3 Esslöffel Leinsaatflocken * 2 Esslöffel Oleolux*
*1 Esslöffel Kürbiskernöl * 1 Messerspitze roten Pfeffer*
1 Messerspitze schwarzen Pfeffer
1 Messerspitze weißen Pfeffer
*Kräutersalz * 1 Knoblauchzehe*

Die Pilze werden in feine Scheiben geschnitten und mit etwa 1 Tasse Wasser zum Kochen gebracht. Während dieser Zeit schneidet man 1 Knoblauchzehe in das kochende Pilzgericht, fügt Salz und Pfeffer hinzu und lässt 10 Min. gar kochen. Nun gibt man das Oleolux und das Öl hinein, verrührt gut und fügt zum Schluss 2 Esslöffel Hefeflocken und die Leinsaatflocken hinzu, verrührt alles gut und nimmt diese Masse sofort vom Feuer. Dieses Pilzgericht ist ausgezeichnet geeignet als Beilage zur Gemüseplatte, als Brotbelag oder zu Reis- und Buchweizengerichten. Es ist von hohem, gesundheitlichem Wert und den Kranken meistens willkommen.

Desserts

Wie schon im allgemeinen Teil unter „Quark-Leinöl" gesagt, ist diese Nahrung für den Kranken ein neues Lebenselement. Sie vermittelt dem Kranken die Hilfe, der Familie und den Kindern neue Lebensfreude. »Ich hätte nicht gedacht, dass man so wunderbare Schleckereien daraus machen kann«, so äußerte es überrascht eine Pfarrfrau, die selber krank war, im Sinne dieser „Öl-Eiweiß-Kost" leben sollte und nun in Lauterbad zur Erholung war. Die in diesem Kapitel angegebenen Rezepte zur Darreichung der Fruchtsäfte sind wichtig. Die Muttersäfte sind für den Kranken natürliche Medizin, aber auch bei den Kindern beliebt. Die Form der Zubereitung als „Fruchtschaum", als „verliebte Linovita" oder als „roter Mantel im Schnee" ist immer willkommen für Gesunde und für Kranke.

Bei aller Spielerei bei der Zubereitung der schönen Nachspeisen, sollte dem Pflegenden bewusst bleiben: Quark und Leinöl vermitteln dem Kranken ungeheuer viele neue Kräfte auf geringstem Raum. Stets frisch und schön und immer neu interessant zubereitet sollte diese so wichtige lebenspendende Nahrung sein, für den Kranken und für die ganze Familie (siehe dazu auch die Rezepte unter Speiseeis). Die in diesem Abschnitt vermittelten Anregungen und Rezepte erfreuen sich seit langer Zeit bei Kranken und Gesunden großer Beliebtheit. Außerdem sind sie gerade für den Schwerkranken enorm wichtig als Energiequelle und Aufbaunahrung. Selbst wenn der Kranke wenig Nahrung zu sich nehmen kann, so sind die in diesem Kapitel erwähnten Quark-Leinöl-Zubereitungen mit oder ohne Alkohol empfehlenswert und beliebt.

Viele der hier aufgeführten Rezepte bereichern die Mahlzeit und heben die Stimmung des Kranken oder auch der Gäste.

Linomel-Vesuv

Zutaten für 3 Personen:

*200 ccm Traubensaft * 200 ccm Kirschmuttersaft*
*100 ccm Rum * 8 g Agar-Agar * 3–5 Esslöffel Linomel*

Man erhitzt den Traubensaft bis zum Sieden, rührt Agar-Agar mit Kirschsaft an und gibt dieses unter ständigem Umrühren in den siedenden Traubensaft. Man lässt kurz aufwallen, stellt die Heizplatte ab und gibt unter ständigem Umrühren den Rum. In die gesamte Mischung und lässt sofort abkühlen. Die gesamte Masse füllt man in ein vorgekühltes, schmales, hohes Gefäß und schlägt die Masse schaumig, am besten mit einem Stabmixer.

Den Schaum füllt man nun mit einem Esslöffel in flache Schalen, indem man den Schaum in der Mitte zu einem hohen Berg türmt. Sofort wird nun mit 1–2 Esslöffeln Linomel bestreut, dass der gesamte Berg mit Linomel bedeckt ist und lediglich die Kuppe als unbedeckter roter Schaum herausragt. Nun stellt man kühl bis zum Servieren.

Fruchtschaum aus Johannisbeer-, Heidelbeer- oder Kirschmuttersaft

250 ccm Johannisbeer-Muttersaft schwarz
*250 ccm Traubensaft * 7–8 g Agar-Agar*

Man erwärmt 250 g Traubensaft bis zum schwachen Aufwallen. In einer Tasse verrührt man Agar-Agar mit einem Teil des Johannisbeersaftes und gibt diese Mischung unter ständigem Umrühren in den siedenden Traubensaft. Um unnötiges Erhitzen zu vermeiden, wird die elektrische Kochplatte nun abgeschaltet. Unter allmählicher Zugabe des restlichen kalten Fruchtsaftes lässt man den Traubensaft mit Agar-Agar noch ein wenig aufwallen, bis die Losung sich klärt und aller Johannisbeersaft hinzugegeben wurde. Man stellt die Masse kühl bis zur beginnenden Gelierung. Nun kann man mit einem beliebigen Gerät z. B. mit einem Stabmixer, die Masse schaumig schlagen. Sie wird sofort in Gläser oder Sektschalen oder schöne Stielgläser abgefüllt und kühl gestellt. Zu diesem Frucht-Gelee reicht man als Sauce eine Quark-Leinöl-Creme mit Vanille.

* Agar-Agar ist ein Naturprodukt aus Meeresalgen. Die Qualität kann ein wenig verschieden sein. Falls der Fruchtgelee zu fest wird (Probe machen), kann man leicht etwas Saft nachgeben.

Weinschaumschnee

*250 ccm Traubensaft * 250 ccm Weißwein*
1 Tütchen (7–8 g) Agar-Agar

Man erhitzt 250 ccm Traubensaft bis zum Sieden. In einer Tasse verrührt man Agar-Agar-Pulver mit etwas Wein. Sobald der Traubensaft siedet, gibt man in die kochende Lösung zunächst die Mischung aus Agar-Agar und Wein und verrührt gut. Nun schaltet man sofort die elektrische Kochplatte ab und gibt unter ständigem Rühren allmählich den Wein in die heiße Geleemasse. Man lässt abkühlen bis zur beginnenden Gelierung. Nun wird mit einem geeigneten Schaumschläger, am besten mit einem Stabmixer, die Masse zu einem gut stehenbleibenden Schnee geschlagen. Man füllt sofort in Glasschälchen oder schöne Stielgläser oder Sektschalen ab. Dieser Weinschaumschnee kann in dieser Form als Nachtisch bereitet werden. Er schmeckt besonders gut in der folgenden Kombinationen:

1. Man mischt 3 Esslöffel Sanddorn ungesüßt mit einer Tasse Traubensaft und reicht dies als Sauce.

2. Eine Quark-Leinöl-Creme kann ebenfalls als Sauce gereicht werden.

Linovita in Wein-Gelee

Für 5 Personen:
*250 ccm Traubensaft * 250 ccm Weißwein*
*8 g Agar-Agar * 6 Esslöffel Leinöl*
*4 Esslöffel Milch * 2 Teelöffel Honig*
*200–250 ccm Quark * ½ Teelöffel echte gepulverte Vanille*

250 ccm Traubensaft werden zum Sieden erhitzt. Agar-Agar wird mit Wein in einer Tasse verrührt, in den siedenden Traubensaft gegeben und mit dem restlichen Wein nach und nach aufgefüllt. In ca. 5 Min. ist dieser Wein-Gelee geklärt und kann zum Abkühlen auf etwa fünf Glasschälchen verteilt werden. Nun bereitet man die Quark-Leinöl-Creme wie unter Nr. 1 und 2 beschrieben und verteilt diese Vanille-Creme derart auf die Schalen mit Wein-Gelee, dass die Linovita-Creme unter die Oberfläche des Wein-Gelees sinkt. Man serviert nach dem Erkalten.

Fujiya-Speise *

Zutaten für 3 Personen:
250 ccm Traubensaft
250 ccm Johannisbeersaft (Muttersaft)
*8 g Agar-Agar * Quark & Leinöl*
*Milch & Honig * mit Vanille*

Man erhitzt Traubensaft bis zum Sieden, fügt dann den mit Agar-Agar verrührten Johannisbeersaft unter ständigem Umrühren hinzu, lässt ca. 5 Min. aufwallen und stellt kühl. Nun verteilt man diese Masse auf 3 schmale, hohe Tassen, die mit kaltem Wasser ausgespült wurden. Es ist günstig, wenn diese Tassen nur eine Boden- fläche von 3–4 cm Durchmesser haben. Man stellt bis zum vollständigen Erkalten kühl. Nun mischt man eine Quark-Leinöl-Creme mit Milch, Honig und Vanille nach Nr. 1. Nachdem man den roten Gelee auf Glastellerchen gestürzt hat, gibt man die Quark-Leinöl-Creme derart auf die Kuppe des Berges, dass nur die obere Hälfte mit Quark-Leinöl-Creme, wie die Spitze des Fujiyama, weiß bedeckt ist.

* Das wunderschöne Hotel mit herrlicher Sicht auf den Fujiyama heißt „Fujiya", daher das Dessert „Fujiya" - Speise

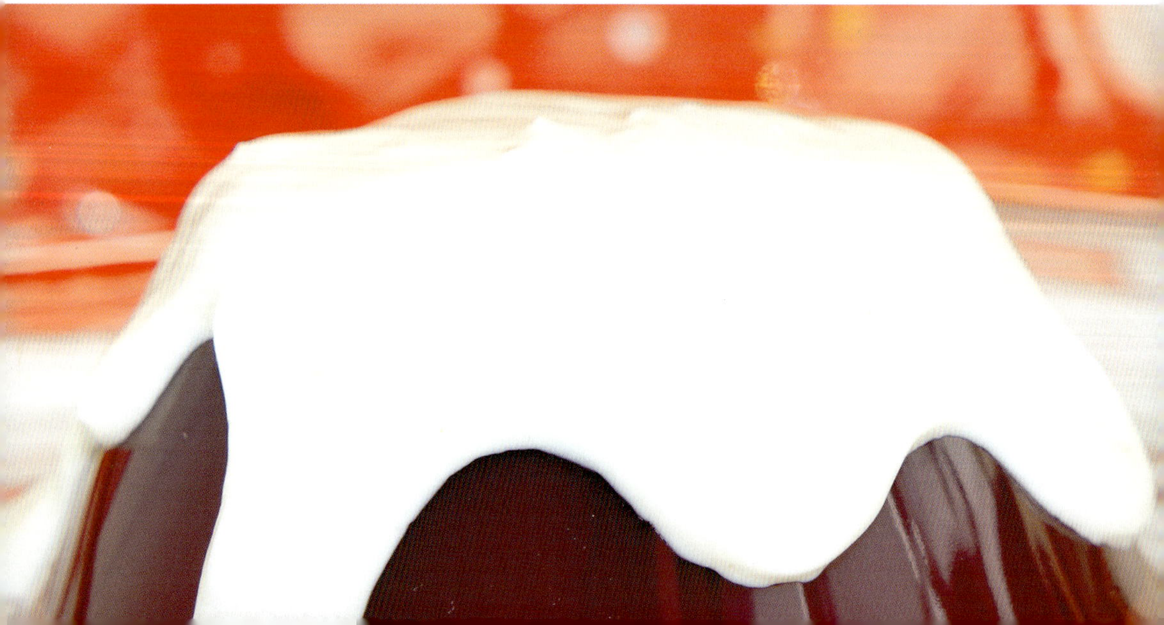

Verliebte Linovita im Fruchtmantel

*250 ccm Traubensaft * 250 ccm Kirschmuttersaft*
8 g Agar-Agar und 6 Esslöffel Leinöl
4 Esslöffel Milch und 2 Teelöffel Honig
Wodka, Zwetschgen- oder Kirschwasser
2 Likörgläser Rum und 200–250 g Quark

Der Frucht-Gelee wird wie folgt zubereitet: Man erhitzt 250 ccm Traubensaft, fügt in den siedenden Traubensaft eine Tasse voll Kirschmuttersaft mit dem Inhalt eines Beutelchens Agar-Agar verrührt, lässt kurz aufkochen und gibt den restlichen Kirschmuttersaft allmählich in die siedende Gelee-Masse. Nach Klärung dieser Gelee-Masse fügt man 2 Likörgläser Rum hinzu, stellt sie zum Abkühlen auf die Seite und verteilt in etwa 5 Glasschälchen oder Stielgläser oder Sektschalen.

Nun bereitet man eine Quark-Leinöl-Creme wie unter Nr. 1 aus Quark-Leinöl, Milch, Honig und fügt dieser Mischung ein bis zwei Likörgläschen Wodka bei. Nach gutem Vermischen verteilt man diese Quark-Leinöl-Creme auf die 5 bereitstehenden Schalen mit dem abgekühlten, kurz vor dem Erstarren befindlichen Frucht-Gelee. Man stellt kühl und serviert die abgekühlte Masse.

Linovita im Fruchtmantel

Für 5 Personen:
*250 ccm Traubensaft * Vanille*
250 ccm Kirsch-, Heidelbeer- oder Johannisbeermuttersaft
7–8 g Agar-Agar und 6 Esslöffel Leinöl
4 Esslöffel Milch und 2 Teelöffel Honig
200–250 g Quark oder Bioghurt-Quark

Der Frucht-Gelee wird zubereitet, indem man 250 ccm Traubensaft bis zum Sieden erhitzt. Agar-Agar wird mit Fruchtsaft verrührt und in den siedenden Traubensaft gegeben. Während diese Mischung aufkocht, wird sofort der Rest des Fruchtsaftes hinzugegeben, um ein Überschäumen der kochenden Mischung zu verhindern, und die elektrische Kochplatte abgestellt. Nach ca. 5 Min. hat sich die Geliermischung geklärt. Nun verteilt man diesen Frucht-Gelee in etwa 5 Glasschälchen. Sofort anschließend mischt man im Mixer die Quark-Leinöl-Creme wie folgt: Leinöl, Milch und Honig werden gemischt, dann fügt man nach und nach den Quark hinein und gibt zum Schluss etwa einen halben Teelöffel gepulverte echte Vanille in die Quark-Leinöl-Creme. Diese Quark-Leinöl-Creme wird nun gleichmäßig auf den halb erstarrten oder noch flüssigen Frucht-Gelee verteilt. Wenn die Quark-Leinöl-Creme unter die Gelee-Oberfläche sinkt, so lässt sich diese Nachspeise, die man schon vormittags zubereiten kann, bis zum Nachmittag oder Abend aufbewahren.

Kaki-Frucht-Schmaus

*2 Kaki-Früchte * Quark*
*Leinöl * Milch * Honig*

Eine Kaki-Frucht wird von der bei uns häufig harten Haut befreit (in Japan kann man die Haut sehr gut mitverzehren). In kleine Stücke zerteilt, füllt man die Fruchtmasse in ein Glasschälchen. Nun bereitet man die Quark-Leinöl-Creme, zuletzt gibt man die zweite Kaki-Frucht in den Mixer und püriert mit der Quark-Leinöl-Creme, mit welcher man nun die in der Glasschale befindliche Fruchtmasse übergießt. Eine Scheibe der Kaki-Frucht kann zum Garnieren dienen.

Roter Mantel im Schnee

*250 ccm Traubensaft * 200 ccm Kirschmuttersaft*
8 g Agar-Agar und 50 ccm Rum
*Quark-Leinöl-Crerne mit Vanille * Nüsse*

Man erhitzt 50 ccm Traubensaft bis zum Sieden, fügt dann den im Kirschsaft verrührten Inhalt eines Tütchens Agar-Agar zu dem siedenden Traubensaft, lässt kurz aufwallen und stellt die Kochplatte ab. Unter gutem Umrühren wird schwach etwa 5 Min. lang weitererhitzt. Zum Schluss fügt man den Rum hinzu und stellt sofort zum Kühlwerden beiseite. Man verteilt dieses Kirsch-Rum-Gelee auf etwa fünf Schüsselchen oder Stielgläser.

Die Quark-Leinöl-Creme, mit Vanille-Zusatz oder mit Nüssen püriert, wird nun kurz vor dem Erstarren der noch halbflüssigen Geleemasse beigefügt. Man gibt etwa 2 gehäufte Esslöffel der ziemlich festen Quark-Leinöl-Creme derart zu der erstarrenden Geleemischung, dass die Quark-Leinöl-Creme in der Mitte der Schüssel heruntersinkt. Man kann auch so viel Quark-Leinöl-Creme hineingeben, dass diese weiße Masse nur von einem roten Mantel des Kirsch-Rum-Gelees umhüllt ist.

Verliebte Linovita in Wein-Gelee

Zutaten für 5 Personen:
250 ccm Traubensaft und 250 ccm Weißwein
8 g Agar-Agar und 4 Esslöffel Milch
8 Esslöffel Leinöl und 2 Teelöffel Honig
200–250 g Quark oder Bioghurt
2 Likörgläser Wodka, Slibowitz (Zwetschgenwasser)
Schwarzwälder Kirsch oder Rum

Das Wein-Gelee wird zubereitet, indem man 250 ccm Traubensaft bis zum Sieden erhitzt. Agar-Agar wird mit ein wenig Wein verrührt und in den siedenden Traubensaft gegeben. Sofort wird die Kochplatte abgestellt und der restliche Wein allmählich unter ständigem Umrühren hinzugefügt. Nach ca. 5 Min. hat sich die Geleemischung geklärt. Man verteilt nun auf ca. 5 Glasschälchen oder schöne Stielgläser oder Sektschalen. Sofort anschließend mischt man im Mixer die Quark-Leinöl-Creme aus Leinöl, Milch, Honig und Quark. Zum Schluss gibt man etwa 2 Likörgläser Wodka oder Slibowitz oder Kirsch-wasser oder Rum in die Quark-Leinöl-Creme.

Diese Quark-Leinöl-Mischung verteilt man gleichmäßig auf die bereitstehenden Schalen mit dem halb erstarrten, aber noch flüssigen Wein-Gelee derart, dass in der Mitte die Quark-Leinöl-Creme zum Teil absinkt. Nach dem vollständigen Erstarren wird serviert.

Quark-Leinöl-Creme mit Sanddorn-Füllung

Zutaten für 5 Personen:

1 Tasse Leinöl (150 ccm)
½ Tasse mit Milch und 3 Teelöffel Honig
250 g Quark und 5 Esslöffel Sanddorn, ungesüßt
5 Esslöffel Traubensaft

Man bereitet die Quark-Leinöl-Creme im Mixer, indem man Leinöl, Milch und Honig mixt und dann nach und nach den Quark hinzufügt. Die fertige Quark-Leinöl-Mischung soll ziemlich steif sein. Eventuell durch Zugabe von festem Quark regulieren. Man verteilt diese Mischung auf 5 Schüsselchen.

Nun mischt man gleiche Mengen reinen Sanddornsaft mit weißem Traubensaft. Diese Mischung wird nun in der Mitte, noch bevor die Quark-Leinöl-Creme weiter steif wird, so zu der Quark-Leinöl-Mischung gegeben, dass diese Flüssigkeit in der Mitte der Schüssel unter die Quark-Leinöl-Creme sinkt. Die Quark-Leinöl-Creme wird bei weiterem Stehen innerhalb von etwa 15 Min. fest. Man serviert als Nachtisch. Die flüssige Sanddorn-Traubensaft-Füllung wird erst beim Genuss der Speise deutlich und macht sich geschmacklich sehr gut als Gegensatz zu der milden Quark-Leinöl-Creme.

Allgemeines zum Eis

Die verschiedenen süßen Mischungen aus Quark-Leinöl mit Früchten oder mit Gewürzen wie Vanille, Zimt usw. lassen sich alle als Speise-eis zubereiten und servieren. Durch den Ölgehalt wird das Eis wunderbar geschmeidig. Die Kranken, die ein Vorurteil gegen Leinöl mitbringen, merken überhaupt nicht, dass sie in dieser Form Quark und Leinöl zu sich nehmen.

Auch in herzhafter Zubereitung gibt es viele Möglichkeiten, z. B. Quark, Leinöl, Milch werden mit Apfel und Meerrettich fein püriert und zum Gefrieren gebracht. In dieser Form als Beilage sehr geeignet.

Speiseeis mit Früchten oder Fruchtsäften

3 Esslöffel Leinöl, 2 Esslöffel Milch, 1 Esslöffel Honig, 100 g Quark, 3 gehäufte Esslöffel Himbeeren oder 3 Esslöffel Kirschmuttersaft

Quark, Leinöl, Milch und Honig werden im Mixer gemischt. Zum Schluss gibt man die Himbeeren hinzu oder ggf. den Kirschmuttersaft. Nun gießt man die leicht flüssige Leinöl-Creme in den Eisbereiter, stellt in das Kühlfach und lässt erstarren. Dieses fruchtige Speiseeis ist geschmeidig, kann mit dem Löffel entnommen und dem Kranken als Nachtisch gegeben werden. Sehr gut ist die Kombination dieses Fruchteises mit Vanille-Eis.

Speiseeis mit Heidelbeeren

3 Esslöffel Leinöl, 2 Esslöffel Milch, 1 Esslöffel Honig, 100 g Quark, 3 Esslöffel Heidelbeeren und 1 Handvoll Walnüsse

Quark, Leinöl, Milch und Honig werden im Mixer gemischt und zuletzt mit den Heidelbeeren gut püriert. Zum Schluss gibt man die Walnüsse hinein und rotiert das Messer im Mixer nur wenige Sekunden, damit die Walnüsse zwar ganz zerschlagen, aber noch ein wenig körnig sind. Diese Creme wird in den Eisbereiter gegeben und im Kühlfach zu Speiseeis bereitet. Diese Mischung ist vorzüglich.

Speiseeis mit Vanille (Vanille-Eis)

3 Esslöffel Leinöl, 3 Esslöffel Milch, 1 Esslöffel Honig
100 g Quark und 1 Teelöffel gemahlene Vanille

Quark, Leinöl, Milch und Honig werden im Mixer gemischt und mit der Vanille gut vermischt. Man gießt die sofort nach dem Mixen noch dünnflüssige Creme in den Eisbereiter im Kühlschrank und stellt in das Kühlfach. Die zum Eis erstarrte Creme ist geschmeidig und kann in dieser Form den Kranken sehr gut als Nachtisch serviert werden, besonders wenn man 2-3 verschiedenfarbige Eiscremes bereitet.

Speiseeis mit Kakaozusatz

3 Esslöffel Leinöl, 3 Esslöffel Milch, 1 Esslöffel Honig
100 g Quark, 100 g Haselnüsse, 2 Esslöffel Kakao

Quark, Leinöl, Milch und Honig werden im Mixer gemischt, dann gibt man die Haselnüsse hinein, vermahlt gut und fügt zum Schluss Kakao in die Mischung. Nun gibt man die gesamte Mischung in den Eisbecher und stellt sie in das Kühlfach des Kühlschrankes. Diese Mischung mit Nougatgeschmack gibt den verschiedenen hier als Beispiel erwähnten Kombinationen die nötige dunkle Tönung. Man kann natürlich in Form des Fürst-Pückler-Eises arrangieren. Für Schwerkranke sind diese Eiszubereitungen ungeheuer wichtig, besonders wenn sonst wenig Appetit vorhanden ist.

Saucen und Beilagen

Ein guter Koch und ein erfahrener Feinschmecker wissen, erst die Sauce gibt dem Mahl die entscheidende Note. Ein sehr guter Koch wusste sogar noch, »das Geheimnis der guten Küche besteht in der richtigen Wahl und Verwendung der Fette. Fette erst möglichst zuletzt hinzufügen«. Dies gehört auch zum Geheimnis der guten, bekannten chinesischen Küche. Das Fett darf nicht zu sehr erhitzt werden. Tote Fette nehmen dem Gericht und den Gewürzen ihr Lebenselement. Es ist wichtig, das Fett zuletzt hinzuzufügen, nicht zu überhitzen und außerdem lebendige Fette, natürliche hochungesättigte Fette zu wählen. Führen Sie einmal das folgende Experiment in der Küche durch: Bereiten Sie z. B. zwei Curry-Saucen nach genau dem gleichen Rezept, einmal mit einer Margarine, ein zweites Mal mit dem leinöl-haltigen Oleolux hergestellt. Versuchen Sie nebeneinander beide Saucen. Das Aroma des Currys ist unvergleichlich voller, schöner und milder mit dem das natürliche Öl enthaltenden Oleolux. Sie können sogar noch etwas Leinöl nachgießen, das Aroma bleibt unverändert gut. Ähnlich entscheidend für den Geschmack ist das Fett bei fast allen Gerichten. Die Saucen stellen wie das Fett den Nerv der Nahrung dar. Ihre Zubereitung sollte mit feinem Einfühlungsvermögen erfolgen. Bitte nur beste, gepflegte Gewürze benutzen. Nicht in Papiertüten aufbewahrte, in einem Sammelkasten befindliche alte Reste von früheren Gewürzen anwenden, sondern in Gläsern getrennt und gut abgeschlossen aufbewahrte gute Gewürze. Mit Sachkenntnis und Überlegung zusammenstellen! Eine feine Sauce ist ein gutes Zeugnis für eine feine Persönlichkeit.

Dies gilt sowohl für die heißen Saucen als auch für die Salat-Sauce auf der Basis der Quark-Leinöl-Mayonnaise. Man weiß, dass gute Künstler gute Köche sind. Gute Anregungen geben die syrischen und die türkischen Kombinationen, von Nüssen verschiedenster Art, mit Knoblauch, Pfeffer, Paprika in guten ölhaltigen Saucen. Diese sind als Sauce oder als Nussbeilage zur Gemüseplatte inter-

essant. Gewürzkräuter kann man immer als Vinaigrette im Essig-Öl-Gemisch benutzen und aufbewahren. Nimmt man der Hausfrau heute einmal das Fleisch und die fertigen Fleischzubereitungen, dann beginnt sie überhaupt erst wieder die Fähigkeiten als Köchin und Herrin in der Küche und am Tisch zu entfalten. Wenn sie ihre Ideen und Kombinationsmöglichkeiten hier neu spielen lässt, vermag sie den Gerichten ihre eigene Note zu geben. Wenn es wahr ist, dass die Liebe durch den Magen geht, dann vermögen gute Saucen die Hausfrau und Mutter beliebt zu machen.

Syrische Beilage I

50 g Walnüsse und 50 g Mandeln
50 g Haselnüsse und 50 g Pinienkerne
*1 Teelöffel Paprika * ½ Teelöffel roter Pfeffer (caps. ann)*
1 mittelgroße Zwiebel und 2–3 Knoblauchzehen
2 Esslöffel Leinöl und 2 Esslöffel Oleolux

Im Mixer mischt man 2 Esslöffel Leinöl unter allmählicher Zugabe mit den gesamten Nüssen und fügt Paprika und roten Pfeffer hinzu. In einer Stielpfanne bringt man das Oleolux zum Schmelzen, gibt die fein geschnittene Zwiebel hinein, anschließend die zerdrückten Knob-lauchzehen und nach kurzem Erwärmen, bis zur beginnenden Bräunung – unter ständigem Umrühren mit einem Holzlöffel – die gesamten Nüsse mit Öl und Pfeffer. Man verrührt nur wenige Sekunden in dem heißen Fett und gibt 1 Tasse Wasser hinzu. Nach kurzem Aufwallen innerhalb weniger Sekunden stellt man diese Mischung beiseite.

Diese Nussmischung ist ausgezeichnet als Beilage zu Gemüse oder auch, ein wenig mehr mit Wasser verdünnt und mit wenig Salz abgeschmeckt, als Sauce, sowohl zu Reisgerichten, zu Buchweizen, zu Kartoffeln oder auch zu Frischfischgerichten.

Syrische Beilage II

50 g Walnüsse und 50 g Mandeln
50 g Haselnüsse und 50 g Pinienkerne
3 Esslöffel Brösel von Vollkornbrot
½ Tasse (75 g) Leinöl und Saft von 1–2 Zitronen
*3–4 Knoblauchzehen * Salz und 2 Esslöffel Oleolux*

In einem Mixer werden Öl, Zitronensaft und Nüsse vermischt. Dann gibt man die zerdrückten Knoblauchzehen in diese Nusscreme und vermischt. Anschließend bringt man in einer Stielpfanne Oleolux zum Schmelzen, gibt unter ständigem Verrühren die Vollkornbrösel hinein und nach wenigen Sekunden (1/2 Min.) die gesamte Nusscreme. Man verrührt und gibt diese Sauce in eine Schüssel, in welcher man Endiviensalat, fein geschnitten, oder Chicoréesalat mit dieser Nusscreme vermischt. Sehr gut ist die Kombination etwa mit ½ Glas süßsaurem Paprika, wobei man sowohl die Paprikaschnitzel, als den milden, süßsauren Essig zu diesem Salat gibt.

Zur weiteren Variation lassen sich saure Gewürzgurken oder andere Mixed Pickles verwenden. Die Zugabe von wenig Apfelessig kann wahlweise erfolgen. Diese Kombination ist auch für unseren Geschmack ausgezeichnet.

Curry-Sauce

*125 g Oleolux * 2–3 Esslöffel Sojamehl*
Kräutersalz und 1 Esslöffel Shoyu
½ Tasse Leinöl und ½ Tasse Milch
1 Tasse Reiswasser oder Gemüsebrühe
1 gehäufter Teelöffel einer guten indischen Currymischung

In einer Stielpfanne, die vorher vorgeheizt wurde, bringt man das Oleolux nur zum Schmelzen. Sofort gibt man dann das Sojamehl hinein und verrührt gut mit einem Holzlöffel, bis das Sojamehl zerfallen ist (nicht rösten!). Nach wenigen Sekunden bereits füllt man mit einer wässrigen Flüssigkeit auf, mit einer Tasse voll Gemüsebrühe jeglicher Art oder auch – wenn vorhanden – mit Reiswasser. Nach kurzem Aufwallen gibt man einen gehäuften Teelöffel Curry hinein und sofort anschließend Leinöl und Milch, so dass die gesamte Sauce gut homogenisiert ist.

Man darf kein Öl sehen. Diese Sauce ist sehr pikant, ausgezeichnet zu Reisgerichten oder Buchweizen. Ein Fehler, der sehr häufig gemacht wird, ist der folgende: Man kocht zu lange, dadurch entschwindet das gute Aroma und die Sauce wird zu scharf. Auch durch Verminderung der leinölhaltigen Fette wird der wunderbar gerundete aromatische Geschmack beeinträchtigt.

Nuss-Paprika-Sauce

*250 g Zwiebeln * 3 Knoblauchzehen*
250 g Walnüsse (ohne Schale gerechnet)
*1–2 Esslöffel Rosenpaprika * 1 Tasse Leinöl*
*2 Esslöffel Oleolux * Salz und Wasser*
evtl. 1 Esslöffel Hefeflocken und/oder 2 Esslöffel Shoyu

In einem Mixer vermischt man Leinöl und zerkleinert darin die Walnüsse. In einer Stielpfanne wird Oleolux geschmolzen. Dann gibt man die fein gehackten Zwiebeln hinein, erhitzt bis zur beginnenden Bräunung der Zwiebeln, fügt erst jetzt die zerdrückten Knoblauchzehen und den Paprika hinein und anschließend die Walnüsse zusammen mit dem Leinöl. Nach wenigen Sekunden füllt man mit Wasser auf, bis eine cremeartige Sauce entsteht, und schmeckt mit Salz ab. Man kann durch Zugabe von einem Esslöffel Hefeflocken oder Soja-Sauce weitere geschmackliche Variationen erreichen.

Fruchtsaucen mit Muttersäften

250 g Kirschmuttersaft
oder Johannisbeermuttersaft
oder Heidelbeermuttersaft
dazu
*250 g Traubensaft * 3 g Agar-Agar*

Man erhitzt den Traubensaft, gibt in den kochenden Saft den mit einigen Esslöffeln Fruchtmuttersaft angerührten Agar-Agar, rührt sofort gut um und gibt während des Aufkochens nach und nach den Rest des Muttersaftes hinzu. Man stellt kühl. Diese Fruchtsauce ist geeignet als Beigabe zu süßen Quark-Leinöl-Cremes, wie Bananencreme oder Vanillecreme als Nachtisch, aber auch zu Buchweizenspeisen. Nach Geschmack kann man bei Verwendung von Kirschmuttersaft durch Zugabe von 1 Esslöffel Rum geschmacklich variieren.

Meerrettich-Sauce

125 g Oleolux
2–3 Esslöffel Sojamehl
*Kräutersalz * ½ Tasse Leinöl*
*½ Tasse Milch * 1 Tasse Gemüsebrühe*
2 Esslöffel geriebenen Meerrettich

In einer Stielpfanne wird die Sojamehl-Sauce, wie bei der Curry-Sauce beschrieben, zubereitet. Anschließend werden, am besten in einem Mixer, Milch und Meerrettich gut püriert und in die heiße Soja-Sauce gegeben. Wenn man die Meerrettich-Sauce scharf liebt, so serviert man, ohne erneut zu erhitzen.

Tomatensauce mit oder ohne Paprika

*125g Oleolux und Kräutersalz * 2–3 Esslöffel Soyamehl*
1 Esslöffel Shoyu, ½ Tasse Milch
1 Zwiebel und 1–2 Knoblauchzehen
250 g Tomaten oder 1 Döschen Tomatenmark
evtl. Zusätze: Paprikaschoten und ½ Teelöffel Honig
1 Döschen Paprika-Ketchup und/oder
Paprikaschoten süß-sauer aus dem Glas

In einer Stielpfanne bereitet man die unter bei Curry-Sauce beschriebene Sojamehlsauce. Man gibt jedoch beim Erwärmen des Oleolux zuerst die fein zerkleinerten Zwiebelstückchen in das Fett und erst nach dem beginnenden Bräunen der Zwiebel das Sojamehl und die zerdrückten Knoblauchzehen. Sofort füllt man nun auf mit einer Mischung von 250 g Tomaten, die man im Mixer mit der ½ Tasse Milch püriert hat. Sollte dieser Brei aus den frischen Tomaten nicht zur Verfügung stehen, so kann man auch ein Döschen Tomatenmark aus dem Reformhaus verwenden. Man schmeckt mit Salz ab, mit Shoyu und mit ½ Teelöffel Honig. Weitere Variationen:

Eine weitere Variation ist möglich, indem man Paprika zu dieser Tomatensauce hinzufügt; dazu kann man verwenden: Paprikaschoten frisch und fein zerkleinert, Paprika-Ketchup aus dem Reformhaus oder auch Paprika süß-sauer aus dem Glas.

Shoyu-Salatsaucen, süß pikant

3 Esslöffel Soja-Sauce Shoyu und 3 Esslöffel Wasser
2 Esslöffel Apfelessig und 1 Knoblauchzehe
1 Teelöffel Honig und 2 Esslöffel Leinöl oder
*2 Esslöffel Kürbiskernöl * ½ Teelöffel Ingwer*
1 Teelöffel Kokosraspeln

a) Sojasauce Shoyu. Wasser, Essig und Honig werden einfach vermischt. Dann gibt man eine in der Knoblauchpresse zerdrückte Knob-lauchzehe hinein. Zuletzt fügt man das Leinöl und/oder Kürbiskernöl hinzu. Diese Salatsauce ist ausgezeichnet, entweder zu Endiviensalat oder in Verbindung mit Chicorée.

b) Eine sehr schöne Variation erhält man durch Hinzufügen von Kokosraspeln, welche man über Nacht durchweichen lässt oder aber im Mixer mit der Soja-Sauce vermischt.

c) Eine andere Kombination erfolgt durch Zugabe von Ingwer.

d) Beide Variationen, sowohl die Kokosraspeln als auch Ingwer, können getrennt und in Kombination benutzt werden. Auch die Verwendung von Kürbiskernöl kann wahlweise zusätzlich erfolgen. Diese Shoyu-Saucen können weitere Verwendung finden bei der Zubereitung der Chutneys oder verschiedener Quark-Leinöl-Mischungen.

Türkische Salatsauce

75 g Walnüsse und 2 Esslöffel Quark
2 Esslöffel Leinöl und 2 Esslöffel Oleolux
3 Esslöffel Vollkornbrotbrösel und 3 Knoblauchzehen
1–2 Zitronen (Saft) und ½ Teelöffel Honig
1 Messerspitze roter Pfeffer
fein gehackter Dill und Petersilie
etwas Pfefferminze und 1 Esslöffel Milch

Im Mixer werden Quark, Leinöl, Milch und Zitronensaft gut vermischt, dann gibt man Honig, Salz und roten Pfeffer hinzu sowie die fein gehackten Kräuter und die in der Knoblauchpresse zerdrückten Knoblauchzehen. Alles wird gut verrührt. Nachdem man diese Mischung in eine Schüssel abgefüllt hat, werden in einer Stielpfanne Oleolux mit den Brotbröseln kurz erwärmt und über diese Saucencreme gegeben. Man serviert nach kurzem Umrühren, damit das heiße Fett verrührt ist. Diese Sauce kann zu Salat, zur Rohkostplatte oder in Verbindung mit geraspelten Gemüsesorten oder auch gekochtem Gemüse gereicht werden.

Apfelmus roh, verschiedene Variationen

Pro Person rechnet man:
*1–1½ Äpfel * dazu wahlweise:*
*Apfelsaft * Quittensaft (natur)*
*Traubensaft * Kirschmuttersaft*

In ein Mixgerät gibt man eine Tasse voll Apfelsaft, sehr gut ist auch Quittensaft rein oder Kirschmuttersaft. Man fügt dann nach und nach, während das Messer rotiert, durch die kleine, mittlere Öffnung des Deckels die Apfelstücke, jeweils 1/4 des Apfels, in das Mischgut. Sie können bei Benutzung von relativ wenig Saft sehr viel Apfelmus bereiten, wenn Sie die Äpfel bei rotierendem Messer nach und nach hinzugeben. Dieses rohe Apfelmus ist in dieser Form äußerst gut bekömmlich, auch für Schwerkranke. Es kann in Verbindung mit Buchweizengrütze benutzt werden, oder auch in Verbindung mit Kartoffelpuffern von rohen Kartoffeln, die in dieser Kombination, also zusammen mit diesem rohen Apfelmus, auch Schwerkranken gut bekommen.

Menü-Vorschläge

Salatplatte,
Gemüseplatte mit Buchweizen

Salatplatte

Mit Endiviensalat oder Ackersalat oder Kresse, kombiniert mit geraspelter Sellerie, gekochter Roter Beete, in Scheiben geschnitten, garniert mit Perlzwiebeln aus dem Glas und mit geraspelter Kohlrabi. Alles wird übergossen mit einer Majoran-Dill Mayonnaise oder mit anderen Qaurk-Leinöl Variationen.

Gemüseplatte mit Buchweizen

Als Gemüse wählt man 3 oder 4 Sorten. Jedes Gemüse wird mit einem anderen Gewürz abgeschmeckt: Rosenkohl mit Majoran und Shoyu, Spinat zur Hälfte mit Hefeflocken und Shoyu, die andere Hälfte mit Shoyu und Muskat; Sellerie in Scheiben wird mit geraspeltem alten Gouda-Käse bestreut. Dazu gibt man Buchweizen, gekörnt zubereitet wie Buchweizengrütze Kasha oder nach dem Buchweizen-Standardrezept. In der Mitte des Tellers häuft man den Buchweizen und ordnet z. B. für den Kranken die Gemüse ringsherum, auch für das Auge angenehm, an.

Quark-Leinöl-Zubereitung als Dessert

Als Nachtisch wählt man eines der vielen Rezepte für die Ouark-Leinöl-Zubereitung als Dessert, z. B. Quark-Leinöl-Creme mit Sanddorn-Füllung.

Quark-Leinöl, anders eingefügt

Gemüsebrühe als Bouillon

Eine Tasse Gemüsebrühe, evtl. vom Vortag, wird erhitzt, z. B. das aufgehobene Spinatwasser oder die Brühe von Lauch, Sellerie, grünen Bohnen usw. Zu 500 ccm gibt man nun ein wenig frisch abgeriebenen Muskat, Salz, schwarzen und weißen Pfeffer, 1 gehäuften Esslöffel Oleolux, 2 Esslöffel (gehäuft) Hefeflocken und serviert diese Brühe vor dem Essen in Suppentassen.

Quark-Leinöl zu Kartoffeln

Man kocht die Kartoffeln in der Schale und serviert diese in Verbindung mit zwei verschieden abgeschmeckten Quark-Leinöl-Mischungen, z. B.: Quark-Leinöl, Milch werden gut gemischt aus 250 g Quark, 100 g Leinöl, 100 g Milch; man füllt die Hälfte davon in ein Schüsselchen ab und vermischt mit einem Teelöffel gemahlenen und 1 Esslöffel ganzen Kümmel, die zweite Hälfte, die sich noch im Mixer befindet, wird mit ca. 200 g frischer Petersilie püriert. Beide Mischungen werden mit etwas Salz abgeschmeckt zu den Kartoffeln gereicht. Die beiden angegebenen Quark-Leinöl-Zubereitungen lassen sich noch weiter variieren oder bereichern durch die Fülle der Chutney-Rezepte, den Tscha-Tschi-Variationen oder auch durch die Variationen der verschiedenen Quark-Leinöl Mayonnaisen.

Fruchtschaum als Dessert

Man reicht als Dessert einen Fruchtschaum mit Johannisbeer-, Heidelbeer- oder Kirschmuttersaft.

Neue Kombinationen

Gemüsebrühe mit Rohkosteinlage. Die Gemüsebrühe von Spinat und/oder Möhren, Lauch, Sellerie, grünen Bohnen, Petersilienwurzel wird vom Gemüse abgegossen. 250 ccm dieser Brühe werden abgeschmeckt mit 1 Esslöffel Oleolux, 1 Esslöffel Shoyu, 1 Teelöffel Majoran, 1 Teelöffel Borretsch, 1 Prise Kräutersalz, 1 Prise weißen und schwarzen Pfeffer, ½ Teelöffel rotem Paprika und zum Schluss mit 1 Esslöffel Dosenmilch. Diese Brühe wird sofort gut heiß in Suppentassen serviert. Man kann mit weiteren Einlagen kombinieren, z. B.: Im Mixer püriert man eine rohe Möhre oder Kohlrabi mit etwas Suppenbrühe und gibt diese Rohkost als Einlage in die gut heiße Gemüsebrühe. Diese warme Rohkost ist für den Schwerkranken angenehm, aber auch für Gesunde im Winter oft willkommen.

Reis mit Salatbeilage. Als Hauptgericht kann man nun ein Reis- oder Buchweizengericht wählen und dazu eine Salatplatte oder nur die Buchweizengrütze als Suppe.

Linomel-Vesuv. Als Nachtisch ist hier der Linomel-Vesuv, der Weinschaumschnee oder ein Fruchtschaum geeignet, da ja beim Hauptgericht eine Quark-Leinöl-Zubereitung gereicht wurde.

Kleines Gericht

Salatplatte

Eine gemischte Salatplatte mit verschiedenen Salaten kann auch einfach mit Kartoffelbrei oder Bratkartoffeln kombiniert werden, die unter Zugabe von reichlich Zwiebeln aus gekochten Kartoffeln unter Anwendung von Oleolux zubereitet werden.

Für Schwerkranke geeignet

Geriebener Apfel mit Linomel

Anstelle der Salatplatte wird als Rohkost ein geriebener Apfel gereicht, der mit einem Esslöffel Linomel vermischt wurde.

Suppe mit Einlage

Ein Teller Suppe, hergestellt aus Gemüsebrühe, rezent abgeschmeckt z. B. mit Buchweizengrütze als Suppe. Die Buchweizengrütze sollte man getrennt gar kochen als Brei oder in körniger Form.

Weincreme

Als Nachtisch wird das Menü aufgewertet durch eine Quark-Leinöl-Creme, die z. B. mit 2 Esslöffeln Südwein oder mit etwas Rum oder Cognac abgeschmeckt wurde.

Schnellgericht

Sauerkrautsuppe

Sauerkrautsuppe mit Buchweizen, zubereitet wie die Sauerkrautsuppe nach russischer Art. Als Nachtisch Quark-Leinöl-Creme mit Zimt und Ingwer abgeschmeckt, über eine Scheibe Ananas gegeben oder mit einer halben gut weichen Birne kombiniert.

Kleines Menü – Salatplatte mit Gewürz-Buchweizen

Salatplatte mit grünem Salat, Paprikaschoten fein gehobelt, Gurken-Scheiben fein gehobelt, alles mit dem Mayonnaise Grundrezept oder den anderen Mayonaisse Varianten übergossen. Dazu Gewürz-Buchweizen mit Kokosraspeln (siehe Rezept Buchweizen, würzig).

Kirschenblut, heiß

Anschließend reiche man 1 Glas Kirschmuttersaft oder auch Traubensaft heiß, mit etwas Zimt und Nelken abgeschmeckt.

Gäste bei Tisch

Gemüsebrühe

Eine Tasse klare Gemüsebrühe, abgeschmeckt mit Hefeflocken, Oleolux, Paprika, Shoyu und etwas Pfeffer.

Salat, extra fein

In einem kleinen Schälchen serviert man auf einem grünen Salatblatt Selleriesalat mit Banane und garniert mit rotem Paprika oder mit dem süßsauren Tomaten-Paprika aus dem Glas.

Nuss-Gemüse-Platte

Gemüseplatte mit Fenchel, Sellerie als Gemüse mit Käse bestreut oder mit der syrischen Nusspaste (siehe Syrische Beilage 1) kombiniert, Spinat mit Zwiebeln, Möhren gekocht, Wirsing-Blätter mit der türkischen Salatsauce begossen, dazu Vollreis, körnig gekocht und wenig gesalzen.

Dessert

Als Dessert „Verliebte Linovita" im Fruchtmantel oder in Wein-Gelee.

Indische Spielereien

Menü für 6 Personen:

Das Geschirr in chinesischem Porzellan:

* 10 kleine Schüsselchen Ø 9 cm
* 10 kleine Schüsselchen Ø 10,5 cm
* 10 flache chinesische Schälchen Ø10 cm
* 10 flache chinesische Schälchen Ø 6,5 cm
* 1 Shoyu-Kännchen in der Art einer kleinen Teekanne, insgesamt 5 cm hoch
* 1 chinesische Teekanne zur Herstellung des grünen Tees, 15 cm hoch 3 Schüsselchen Ø 16 cm
* 1 große Schüssel mit Deckel, 25–30 cm im Durchmesser

Als Teetassen kann man durchaus – wenn japanische oder chinesische Teetassen nicht vorhanden sind –- chinesische kleinere Reisschüsselchen, Ø 10 cm, nehmen. Man serviert jedoch auf einer Unterschale aus Kirschholz oder japanischer Lackarbeit. 6 flache Teller mit Gabeln sind für unsere Zonen erlaubt. Ein reichliches Angebot an Cocktailstäbchen ist aber nun zweckmäßig.

Das Hauptgericht:

a) 3 Tassen Vollreis werden mit 6 Tassen Wasser körnig gekocht. Man gibt dem Kochwasser einige Tropfen Zitronensaft zu, damit der Reis besser körnig bleibt. Bei Verwendung von Vollreis gelingt der körnig gekochte Reis sowieso besser. Dieser Reis wird ohne Salzzusatz, ohne Fett, ohne irgendeine Geschmackszutat in der großen Schüssel mit Deckel serviert. Man kann 4 Bananen der Länge nach halbieren und, in einer Stielpfanne ein wenig überbacken, über dem Reis anordnen.

b) Für die Schüsselchen, mit ca. 18 cm Ø, bereitet man:

1. Curry-Sauce
2. Syrische Beilage 1

3. Buchweizengrütze Kasha

c) In der kleinen Soja-Kanne stellt man die Shoyu-Soja-Sauce zum Servieren bereit.

d) Beilagen:

1. Man mischt die Grundmischung für Chutney I aus Quark und Leinöl und die rote Mischung Chutney II mit Apfel und dem Rote-Beete-Saft; ebenso Tscha-Tschi I mit Walnüssen und Knoblauch und Tscha-Tschi II mit der süßen Note durch Zugabe von Apfelsaft oder Traubensaft oder ein wenig Honig.

2. Beilagen für die 10 Schüsselchen Ø 10,5 cm.

1. Ein süß-säuerlicher Apfel wird geschält und in kleine Würfel geschnitten mit der Kante von etwa 1 cm.
2. Eine Schlangengurke wird ebenso zubereitet wie der Apfel unter 1.
3. Desgleichen saure Gewürzgurken.
4. Aus einem Glas (250 g) entnimmt man die Perlzwiebeln und gibt sie als Beilage.
5. Aus einem Glas (250 g) entnimmt man den süß-sauren Paprika, der klein gewürfelt wird.
6. Ananas, am besten von einer frischen Frucht, wird in kleine Stücke geteilt.
7. Geraspelte Kokosnuss, frisch oder getrocknet, wird in dieser Form gereicht.
8. Geraspelte Kokosnuss wird kurz und trocken ein wenig angeröstet.
9. Pinienkerne werden kurz erwärmt.
10. Knoblauch-Öl wird in der Weise zubereitet, dass man eine halbe Tasse voll Oleolux in eine vorgeheizte Pfanne gibt und kurz, höchstens eine halbe Minute, mit 5 Knoblauchzehen, die man durch die Knoblauchpresse in dieses Fett gibt, erwärmt. Die Knoblauchzehen dürfen nicht bräunen. Man gibt daher sofort anschließend eine halbe Tasse Leinöl in die Pfanne und gießt nach kurzem Umrühren dieses Öl in das zehnte Schüsselchen, welches für diese Beilage bestimmt ist.

3. In die kleineren Schüsselchen (Ø 9 cm) füllt man je 1 Esslöffel von den vorstehend beschriebenen Beilagen Nr. 1 bis 9, wie sie für die größeren Schüsseln vorbereitet wurden, also Apfel, Gurke, Ananas, Zwiebeln usw. Man fügt nun jeweils einen Esslöffel von Chutney I oder Chutney II oder Tscha-Tschi I oder II darüber und verrührt. Bei Verwendung der oben genannten Beilagen 1 bis 9 und der vier bereitstehenden Pasten könnten Sie also bereits 36 Variationen zubereiten, ohne Verwendung der zehnten Beilage, des Knoblauchöls, welches durch Zugabe von einem Esslöffel zu den Pasten weitere 36 Variationen liefert, die ausgezeichnet sind. Sie können also die 4 Pasten mit weiteren Variationen nach Belieben über die zehn kleinen Schüsselchen mit Beilagen verteilen und vermischen. In das zehnte kleine Schüsselchen geben Sie fein geschnittene Datteln, übergießen diese mit der Curry-Sauce, wie unter 8 zubereitet, und servieren heiß.

4. In die großen flachen Schälchen gibt man

1. Zwiebelringe, roh, fein gehobelt.
2. Zwiebelringe in dem Fett der Beilage 10 bis zur glasigen Beschaffenheit erhitzt.
3. In feine Scheiben gehobelte Mandeln (mit der Maschine hobeln).
4. Paprika-Ketchup.
5. Tomaten-Ketchup.
6. Meerrettich mit Milch fein püriert, mit einem Esslöffel Soja-Sauce übergossen,
7. Bananenscheiben hoch gehäufelt, mit rotem Paprika bestreut,
8. 2 Esslöffel Tscha-Tschi I mit einem Esslöffel Paprika-Ketchup,
9. 2 Esslöffel Tscha-Tschi II mit einem Esslöffel Paprika-Ketchup,
10. 2 Esslöffel Tscha-Tschi I mit einer Messerspitze Koriander.

e) Nun stehen noch die zehn kleinen flachen Schälchen (Ø 8,5 cm) zur Verfügung. Es ist geschickt, in diesen Schälchen besonders scharfe Beilagen anzubieten. Man füllt z. B.

1. in 3 Schälchen Tscha-Tschi I,
2. in 3 Schälchen Tscha-Tschi II,
3. in 3 Schälchen Chutney II.

Nun gibt man in 1 a, 2 a und 3 a (das erste Schälchen von 1, 2 und 3) jeweils 5 Spritzer Tabasco, in 1 b, 2 b und 3 b jeweils eine Messerspitze schwarzen, weißen und roten Pfeffer, in 1 c, 2 c und 3 c einen Teelöffel scharfen Paprika oder Paprika-Ketchup. Zu 1 c, 2 c und 3 c kann man auch 1/2 Teelöffel Currypulver oder Ingwer verwenden.

In das zehnte kleine Schälchen gibt man einen Esslöffel des Knoblauch-Öls (beschrieben unter b, Beilage 10) mit 5 Spritzern Tabasco und eine Messerspitze voll roten Paprika. Heiß servieren, am besten auf einer schönen, großen Tischheizplatte. Als Beilagen können weiter Verwendung finden: Auberginen-Salat, Pfefferschoten ganz, Paprika-Schoten gehobelt.

Als Zugabe benutzen die Inder gebackene Fladen, man kann hierzulande für den Kranken auch Knäckebrot reichen.

Menü mit russischem Akzent

1. Gemüsemark-Bouillon
Herzhaft abgeschmeckte Gemüsebrühe mit reichlich pürierten Tomaten oder Tomatenmark, zum Schluss abgeschmeckt mit etwas Milch oder Dosenmilch.

2. Käseauflauf
In einem kleinen Auflaufförmchen serviert man den Auflauf aus Selleriescheiben mit Zwischenschichten von geriebenem Käse und als oberste Schicht Buchweizengrütze Kasha.

3. Gemüse-Platte extra rezent
Sauerkraut zubereitet über Paprika, bestreut mit Hefe, dazu Kartoffelbrei. Alles übergossen mit heißem Oleolux, welches durch Zugabe von einigen zerdrückten Knoblauchzehen gut aromatisiert wurde. Anstelle von Knoblauch kann man speziell zu diesem Sauerkraut beim Erwärmen des Oleolux mit einigen Esslöffeln Hefeflocken dem Fett ein angenehmes Aroma verleihen.

4. Wodka-Creme
Quark-Leinöl-Creme wird mit Zitronen- oder Orangensaft abgeschmeckt, evtl. mit grob zermahlenen Haselnüssen versetzt und zum Schluss durch Zugabe von Wodka verfeinert.

Auf den nächsten beiden Seiten gibt es leckere Gerichte für Säuglinge

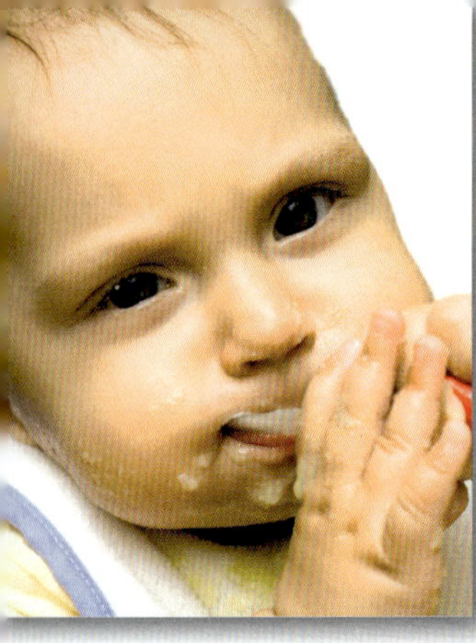

Grundrezept

3 Esslöffel Linomel
3 Esslöffel Haferflocken
250 ccm Wasser

Die Haferflocken bringt man, in das kalte Wasser gegeben, zum Kochen. Nun gibt man in den kochenden Haferschleim das Linomel, lässt kurz aufwallen und noch 10 Minuten nachquellen. Die gesamte Masse wird durch ein Haarsieb gegeben. Dieser Schleim ist für den Säugling von hohem gesundheitlichem Wert und kann auch mit wenig Milch kombiniert gegeben werden. Er reguliert auch die Verdauung günstig.

Wie vorheriges Rezept plus 50 ccm Möhrensaft

Man bereitet das Grundrezept vor. Dann vermischt man mit dem heißen Schleim den frisch gepressten Möhrensaft und gibt sofort zu trinken. Der frisch gepresste Saft darf nicht längere Zeit stehen, bevor er verabreicht wird.

Für den Säugling

Grundrezept und 50 ccm frisch gepresster Orangensaft

Man bereitet das Grundrezept vor und gibt in den heißen Schleim den frischgepressten Orangensaft.

Grundrezept und 50 ccm Traubensaft

Man bereitet das Grundrezept vor und mischt mit 50 cc weißem oder rotem Traubensaft.

Grundrezept und 2 Esslöffel eines sehr fein geriebenen Apfels

Man bereitet das Grundrezept vor und vermischt nun mit dem sehr fein geriebenen Apfel und gibt dies sofort zu trinken.

„Selbst wenn der Kranke wenig Nahrung zu sich nehmen kann, so sind die erwähnten Quark-Leinöl-Zubereitungen mit oder ohne Alkohol empfehlenswert und beliebt.“
Dr. Johanna Budwig

Für den Schwerkranken

Man bereitet das Grundrezept vor und ergänzt mit 150 ccm Orangensaft, oder Orangensaft mit Traubensaft oder Kirschmuttersaft gemischt, Johannisbeersaft, schwarz oder rot, oder Heidelbeermuttersaft, jeweils zur Hälfte mit Traubensaft gemischt

Nachdem man das Grundrezept zubereitet hat, kann man nun für den Schwerkranken eine Fülle von geschmacklichen Variationen in wertvoller und gut bekömmlicher Kombination schaffen. Beispiele dafür: Man mischt 150 ccm Linomel Haferschleim mit 150 ccm Orangensaft oder mit 150 ccm Traubensaft oder aber man mischt zuerst Kirschmuttersaft oder Johannisbeermuttersaft oder Heidelbeermuttersaft zu gleichen Teilen mit Traubensaft und füllt dann mit dem Linomel-Haferschleim bis zur doppelten Menge auf. Diese Muttersäfte sind für den Kranken wertvoll und in dieser Kombination gut bekömmlich, selbst wenn die Kranken die reinen Säfte nicht gut vertragen; siehe auch alle Desserts.

Für den Schwerkranken

Man bereitet das Grundrezept vor und und ergänzt mit Quark-Leinöl-Creme mit Vanille, zubereitet wie beim Grundrezept angegeben

Nachdem man das Grundrezept zubereitet hat, füllt man diesen in eine Suppentasse und überschichtet zum Schluss den noch heißen Schleim mit 2 Esslöffeln einer sehr gut verrührten, gut steif zubereiteten Quark-Leinöl-Vanille-Creme; z. B. nach Rezept *Quark-Leinöl zum Frühstücksmüsli* oder nach *Verliebte Linovita in Wein-Gelee.*

Man bereitet das Grundrezept vor und ergänzt mit Quark-Leinöl-Zitronen-Creme

Nachdem man das Grundrezept zubereitet hat, zieht man zum Schluss 1 Esslöffel Mandelmus (erhältlich im Reformhaus) unter die Schleimsuppe und überschichtet mit 2 Esslöffeln der Quark-Leinöl-Zitronen-Creme. In der Suppentasse servieren.

Für den Schwerkranken

Man bereitet das Grundrezept vor und ergänzt mit Quark-Leinöl-Zitronen-Creme mit Bananenzusatz

Man bereitet das Grundrezept und füllt in eine Suppentasse ab. Die Quark-Leinöl-Basiscreme wird getrennt zubereitet und esslöffelweise über den Trinkschleim gegeben.

Man bereitet das Grundrezept vor und ergänzt mit 1–2 Esslöffel Rotwein, 1 Gläschen Wodka, Cognac, Slibowitz, Kirschwasser oder Rum

Man bereitet das Grundrezept vor und gibt zum Schluss in den gut heißen Trinkschleim 2 Esslöffel einer Quark-Leinöl-Creme, und schmeckt das Ganze ab wie bei *Verliebte Linovita im Fruchtmantel* oder bei der *Syrischen Beilage 1*. Es ist wichtig, dass die stark alkoholischen Getränke getrennt in die Quark-Leinöl-Creme eingearbeitet werden, wie bei den Rezept-Vorschriften *Verliebte Linovita im Fruchtmantel* oder der *Syrischen Beilage.*

Wegweiser zur Gesundheit

Verboten sind für den Kranken
Alle übrigen Fette außer Leinöl und Oleolux sowie weißer Zucker und zuckerhaltige Zubereitungen. Natürliche Zuckerkombinationen in Früchten sind erlaubt. Strengstens zu meiden sind alle Wurstsorten, alle Backwaren der Konditorei (die Kombination von gehärteten oder tierischen Fetten mit Zucker wirkt sich sehr nachteilig aus). Muss man auswärts essen, so ist besonders auf die richtige Wahl der Fette zu achten. Eventuell kann man sich Speisen mit Oleolux zubereiten lassen. Bei einer Kur im Rahmen der Öl-Eiweiß-Kost kann auch das Rührei oder Spiegelei, mit Schweineschmalz zubereitet, Störungen hervorrufen. Auch Geflügel und Wild kann durch Zusatz von Konservierungsmitteln ungünstigen Einfluss ausüben, wenn die Gesundheit labil ist.

Auf Reisen
Bei der Öl-Eiweiß-Kost kann man sich auf der Reise vor Schädigungen schützen, indem man Frischfisch bestellt, etwa Forelle, Hecht, Karpfen oder andere Frischfische. Strengstens zu meiden sind Fischkonserven aus Dosen, auch Krabben und andere Delikatesswaren, die häufig gefärbt und mit schädlichen Chemikalien konserviert sind. Mit Linomel und heißer oder kalter Milch bzw. Fruchtsaft kann man sich auf der Reise immer helfen.

Lebertran?
Der früher beliebte Lebertran wirkte sich günstig aus wegen seines Gehaltes an hochungesättigten Fettsäuren. In den letzten Jahren wurde es üblich, auch den Lebertran zum Zwecke besserer Haltbarkeit hoch zu erhitzen. Dadurch bewirkt der so behandelte Lebertran schwere Gesundheitsschäden. Ähnlich verhält es sich mit vielen Ölen in Fischkonserven.

Der rote Faden im Irrgarten der Ernährungsvorschläge

Man frage, was ist wertvoll und wichtig, was ist weniger wichtig, was ist durch chemische Zusätze und Behandlung lebensgefährlich? Man frage nicht nur, was ist verboten oder erlaubt? »Vitamine« sind not-wendig; sie sind in Frischobst und Gemüse genügend vorhanden, auch an »Spurenelementen« fehlt's nicht. Davon kann der Mensch nicht leben!

Die drei Grundelemente der Nahrung Kohlenhydrate, Eiweiß, Fett müssen unter allen Umständen in Ordnung sein. Der natürliche Grundnahrungsstoff Fett ist lebensnotwendig, zentral wichtig für jede Lebensfunktion. Er enthält – im Vergleich zu allen Nahrungsmitteln – die weitaus größte Kraft an geballter Energie, die der Körper sofort einsetzen kann.

Fette enthalten in ihrem Elektronenreichtum ein lebenspendendes Prinzip

Herzinfarkt, Leberverfettung mit gestörter Leber-Galle-Funktion, Tumorbildung, Arteriosklerose, Rheuma und Gelenkerkrankungen, Austrocknung der Schleimhäute, auch im Magen und Darm, sind gekennzeichnet durch Aussonderung von Fetten.

Das »Nein« des lebenden Substrates zu körperfremden Fetten wird deutlich durch Aussonderung, durch Abstoßung der elektrisch neutralen, lahmen Fette. Diese krankhaften Erscheinungen des Fettstoffwechsels können nicht durch nachträglichen Entzug von jeglichem Fett behoben werden. Ausschaltung der schädlichen Fette ist zwar wichtig. Wahre Hilfe ist nur durch gute Fette möglich. Wasserlösliche Fette sind hier angezeigt. Die Fette aus der Leinsaat, die elektronenreichen Fette, die auf Grund ihrer elektrischen Ladung Eiweiß anziehen, werden auf diesem Wege in der Verbindung mit gutem Eiweiß wie Quark wasserlöslich. Sie verhindern krankhafte Aussonderung von Fetten, fördern die Schleimbildung in allen Drüsen und Schleimhäuten. Sie laden die Herzaktionsströme mit immer neuen Impulsen auf. Sie ziehen Sauerstoff an und schaffen Sauerstoffreserven, die für den Sportler und für den Genesenden von gleicher Wichtigkeit sind.

Sport-Diät

Sport-Diät muss leicht sein. Jede Belastung des Magens hindert die Leistung. Aber auf wenig Raum reichlich geballte, leicht aktivierbare Energie, das ist für den Sportler so wesentlich wie der längere Atem beim Spiel. In diesem Sinne wird empfohlen:

Als Frühstück das Linomel-Müsli in verschiedenen Varianten zu verspeisen. Es enthält 300–400 Kal. Als Fett sollte nur Oleolux benutzt werden. Keine Ballastfette! Wenn mageres Fleisch gewünscht wird, dann ohne Konservierungsmittel, die als Atemgifte die Leistung beeinträchtigen. Auch viele Chemikalien, die zur Mästung des Tieres benutzt werden, vermindern die Höchstleistung des Sportlers. Eine Tagesration im Sinne der Öl-Eiweiß-Kost enthält 4000 Kal. Das ist auch für den Sportler oder einen Schwerarbeiter so wichtig wie für den genesenden Kranken. Natürlich kann man die Menge später reduzieren.

Das Frühstück für Jugendliche

„Ein voller Bauch studiert nicht gern!“ So lautet ein altes lateinisches Sprichwort. Wohl jeder weiß, wie sehr eine schwer bekömmliche Mittagsmahlzeit uns an geistiger Arbeit hindert.

Gibt man den Kindern für die Frühstückspause mit Wurst belegte Brote, die außerdem mit schwer verdaulichen Fetten bestrichen sind, so sind nach dem Genuss bei den Kindern im Blut alle Anzeichen auffindbar, die nach üppiger Mahlzeit die Verdauungsmüdigkeit begleiten. Die Leistungsfähigkeit der Kinder in der Schule wird eindeutig gebessert, die leichte Ermüdbarkeit behoben, wenn morgens früh beim ersten Frühstück auf geringem Raum so viel energiereiche und leicht verdauliche Nahrung gegeben wird, dass in der Frühstückspause ein wenig Obst zur Erfrischung ausreicht. Zum 1. Frühstück aber gebe man das Linomel-Müsli. Kinder wollen dieses Frühstück mit Recht nicht mehr missen, wenn sie es erst kennengelernt haben.

In der Öl-Eiweiß-Kost liegt also eine Wegweisung vor, wie der Schwerkranke, der 3/4 Gesunde, der „kein Fett verträgt“, der Schwerarbeiter, der Geistesarbeiter und der Sportler den Belastungen durch schwer verdauliche Nahrung entgehen können.

Auch heute, bei den vielen zivilisationsbedingten Belastungen, ist es so möglich, sich Gesundheit und Leistungsfähigkeit zu erhalten oder zurückzuerwerben.

Register

SENSEI Verlag – wir sorgen uns um Ihre Gesundheit

Die mehrfach für den Medi-zin-Nobelpreis vorgeschlagene Doktor Johanna Budwig erzählt in diesem Buch, warum sich selbst überzeugte Schulmediziner an sie wenden, wenn die Diagnose Krebs heißt oder wenn Chemotherapien und Bestrahlungen versagt haben.

Über 50 % ihrer Patienten waren Ärzte und deren Angehörige. Ihre Patienten reisten aus der ganzen Welt nach Deutschland, um sich von der außergewöhnlichen Physikerin, Chemikerin und Pharmakologin Rat zu holen, wenn es um so etwas Ernstes wie Krebs geht. Lernen auch Sie in diesem Buch, warum lichtreiche Nahrung, Elektronenwolken, Dipolaritäten, Enzyme und vor allem ungesättigte Fettsäuren darüber bestimmen, ob Menschen an Krebs sterben müssen oder nicht. Sollten Sie noch einen Beweis benötigen, dass es sehr wohl Ernährungstherapien gibt – hier ist er!

*140 Seiten nur € 15,30 * 978-3-932576-63-8*

Über mehrere Wochen hinweg begleitet Manfred Bleckmann seine Frau Hanne auf dem berühmten Jakobsweg. Während seine Gemahlin sich einen Traum erfüllt und große Strapazen auf sich nimmt, geht der Autor währenddessen in Gedanken seine eigenen Lasten der letzten Jahre durch. Schockiert durch die Erstdiagnose Prostatakrebs und verzweifelt als seine PSA Werte trotz Operation erneut ansteigen, erinnert er sich an all seine Ängste und wie er es geschafft hat, die Krankheit nicht nur zu besiegen, sondern gestärkt und voller Lust auf das Leben aus ihr zu entfliehen. Einfühlsam und ehrlich spricht er nicht nur seine Furcht und Themen wie Impotenz an, sondern zeigt durch seinen eigenen Lebensweg, dass Krebs auch eine Chance ist. Eine Chance in ein erfülltes Leben und ein Wegweiser für eine glücklichere Zukunft, die ohne diese Diagnose so gar nicht möglich gewesen wäre.

*Hardcover, 172 Seiten nur € 14,90 * ISBN: 978-3-932576-74-4*

Schulmedizinisch aufgegeben - was nun?

Diese Frage stellen sich jährlich Tausende von Patienten nicht nur in Deutschland. Die Schulmedizin hat für Patienten, bei denen Chemotherapie und Bestrahlungen keine Heilung hervorbringen, nur wenig zu bieten. In der Regel heißt es dann nur: »Machen Sie sich noch ein paar schöne Tage.« Doch wie soll dies möglich sein in Anbetracht des nahen Todes, von dem man noch nicht einmal weiß, wie qualvoll dieser sein wird? Auch Heidrun Ehrhardt hatte fast keine Hoffnung mehr. Schulmedizinisch austherapiert und beide Lungen voller Metastasen, bot man ihr noch einen Versuch mit einer Hochdosischemotherapie an, welche sie dankend ablehnte und sich für einen biologischen Weg entschied. Lernen auch Sie von der Autorin, dass Krebs in jedem Stadium der Krankheit zu besiegen ist und man auch dann die Hoffnung nicht aufgeben sollte, wenn dies die Ärzte schon längst getan haben.

*336 Seiten nur € 18,90 * 978-3-932576-66-9*

Rosina Sonnenschmid

Aus dem Vorwort: „Eine neue Ära in der Heilkunde hat begonnen. In ihrem neuen Buch fasziniert uns Rosina Sonnenschmidt mit einem ganz anderen Verständnis von Krankheiten, deren Ursachen und ihren Heilungswegen. Rosina Sonnenschmidt hat in ihrer langjährigen Heilerpraxis diese Grenzen überwunden und begeistert nun in diesem Buch mit ganz neuen Dimensionen der Heilung. In vielen Kranken-geschichten können wir miterleben, wie Patienten mit langjährigen und zum Teil aussichtslosen Krankheiten genesen. Die medizinische Wissenschaft spricht hier von Wundern, für Rosina ist es natürliche Logik, die wir alle verstehen und auch erlernen können. In 12 Fragekomplexen zeigt es sich genau, ob es schwer oder leicht ist, alte Denkmuster durch neues Vertrauen zu ersetzen.

*Hardcover, 238 Seiten nur € 22,90 * ISBN: 978-3-932576-75-1*

SENSEI Verlag – wir sorgen uns um Ihre Gesundheit

Das große Koch- und Lehrbuch der Öl-Eiweiß Kost

Die Öl Eiweiß Kost gehört weltweit zu den erfolgreichsten Ernährungstherapien. Zum ersten Mal wird die Theorie und Praxis dieser wissenschaftlich fundierten Kost detailliert erklärt. Erfahren Sie alles über die Wirkungsweise, Kokosfett, Sauerkrautsaft, Buchweizen, ELDI-Öle, Übergangstage, Kosmetik, Wickel, Internationale Öl-Eiweiß Kost Stiftung (www.iopdt.com), Kausanetik uvm. Abgerundet wird der theoretische Teil mit einem ausführlichen Frage-Antwort Kapitel. Lernen Sie, wie man ein gutes Leinöl erkennt, ob man zusätzliche Vitamine zu sich nehmen soll, warum Eier verboten sind, ob es einen Ersatz für Quark gibt, wie man Linomel und Oleolux herstellt, ob man Brot und Nudeln essen darf und eine komplette Anleitung für diese geniale Ernährung. Der Praxisteil beinhaltet alle Rezepte des Originalbuches Öl-Eiweiß Kost mit über 300 neuen Farbbildern. Dieses Buch ist die erste wirklich verständliche Anweisung und beantwortet viele offene Fragen dankbarer Anwender.

Lothar Hirneise gilt international als die größte lebende Kapazität auf dem Gebiet der Öl-Eiweiß Kost und ist der einzige Schüler von Dr. Johanna Budwig, mit dem sie jemals zwei Bücher veröffentlichte und Vorträge hielt. Seit über einem Jahrzehnt unterrichtet er in vielen Ländern, warum diese Kost gerade für an Krebs erkrankte Menschen etwas Außergewöhnliches darstellt. Er ist Vorstand der Organisation Krebs21 und Leiter des weltweit einzigen Zentrums, in dem die Öl-Eiweiß Kost konsequent für Krebskranke umgesetzt wird.

*Hardcover, Großformat, 372 Seiten nur € 39,90 * ISBN: 978-3-932576-79-9*